KB269894

청소년을 위한

고려유사

청소년을 위한 고려유사

박영수 지음

민담과 전설에 담긴
흥미진진한 고려의 역사

조선시대는 비교적 현대와 가깝고 전해 오는 이야기가 많아 친숙해서 재미있게 느끼는 반면 고려 시대는 상대적으로 친밀도가 떨어져서 재미없다고 속단하는 사람이 적지 않다. 하지만 그건 오해나 편견에서 나온 판단이며 고려 시대 역사를 살펴보면 흥미롭고 유익한 이야기가 가득하다. 한 인물을 알게 되면 관련된 다른 사건이나 일화가 더 새로운 의미로 다가온다. 그렇다면 고려 시대에 관하여 무엇을 어떻게 알아 가야 할까? 그 단서는 『삼국유사』에 있다. 이는 이 책의 제목에 '고려유사'를 넣은 이유이기도 하다.

『삼국유사』는 우리나라에 전해지는 가장 오래된 역사책이다. 학계 일부에선 민담적 요소가 강하다 하여 『삼국사기』보다 못한 야사로 여기기도 하지만, 일반인에게는 일화·설화의 장점이 오히려 긍정적으로 받아들여져 좋은 역사책으로 평가받고 있다. 뿐인가? 『삼국유사』는 단군을 비롯한 여러 인물들의 숨은 이야기를 흥미롭게 묘사하여 옛날 풍경을 마치 요즘 일처럼 가깝게 여기게 만드는 장점도 갖추고 있다. 고려나 조선에 관한 역사서가 많음에도 불구하고 『삼국유사』가 단연 인기를 끄는 까닭도 여기에 있다.

『청소년을 위한 고려유사』는 그런 『삼국유사』의 장점을 살려 일화 중심으로 고려 시대를 조명하되, 각각의 일화 중 중요하다고 판단되는 주제어를 선정하여 별도로 자세히 설명하는 방식을 취해 '재미있고 유익한 고려 역사'를 추구하였다. 이는 우리 역사와 더불어 문화풍속에 대한 이해를 꾀하기 위함이니 각 이야기의 배경을 함께 다뤄 '고려유사'라는 이름에 걸맞도록 했다.

이 책에서 다룬 일화는 대부분 『고려사』나 『고려사절요』 등 정사에 나오는 것이며, 일부 개인 문집이나 민간에 전해 오는 민담과 전설을 곁들이면서 오류가 있을 경우 고쳐 썼다. 또한 두툼한 고려 역사 중에서 알아 두면 유익한, 아니 꼭 알아 두어야 할 핵심적인 것만 엄선해서 다루었다. 다시 말해 알짜배기 고려 이야기를 일목요연하게 파악할 수 있도록 정선했다.

요컨대 『청소년을 위한 고려유사』는 전체적으로 편안히 읽으면서 고려의 역사나 문화풍속을 한 번에 파악하게끔 구성하고 해설한 책이다. 이에 이 책은 감히 『삼국유사』의 후계자임을 자처하며, 만에 하나 부족한 점이 있을 경우 후에 보완할 것을 약속한다.

2009년 10월

박 영 수

차 례

제2장 고려 중기

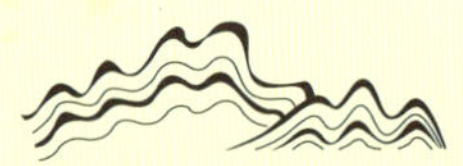

제1장

고려 초기

붓을 굴려 왕건을 구한
최응의 지혜

"후백제와 신라의 땅을 공략하라!"

서기 901년 **궁예**(弓裔, ?~918)[1]는 후고구려를 건국하여 한반도 중부 지역을 다스리면서 점차 남쪽으로 세력을 넓혀 나갔다. **왕건**(王建, 877~943)[2] 이 그 선봉에 서서 진도, 나주를 점령했고 후백제와의 전투에서 계속 승리를 거두었다. 궁예는 그런 왕건을 아우처럼 여겼지만 점차 왕건의 힘이 강해지자 주변에서 가만히 보고 있지 않았다.

"왕건은 배반할 인물입니다. 남몰래 역모를 꾀한다는 소문이 있습니다."

서기 915년 궁예는 왕건을 궁궐로 불러들여 신하들이 모두 지켜보는 가운데 엄숙하게 말했다.

---

[1] **궁예** : 후고구려를 건국한 왕(재위 901~918). 관제를 정비하고, 강원, 경기, 황해를 점령, 남서해 해상권도 장악했다. 성은 김. 몰락한 진골 귀족의 후예로, 신라 제47대 헌안왕 또는 제48대 경문왕의 아들이라고도 한다. 그러나 신라를 멸도(滅都)라 일컫게 하고, 투항한 신라인을 모조리 죽이는 등 전제군주로서 횡포가 심하였다.

[2] **태조 왕건** : 고려 제1대 왕(재위 918~943). 궁예의 휘하에서 견훤의 군사를 격파하였고 정벌한 지방의 구휼에도 힘써 백성의 신망을 얻었다. 고려를 세운 후 수도를 송악으로 옮기고 불교를 호국신앙으로 삼았으며 신라와 후백제를 합병하여 후삼국을 통일하였다.

"내가 **관심법**[•]으로 보니 네가 나에 대해 다른 마음을 품고 있구나!"

"그렇지 않습니다."

왕건은 강하게 부정했다. 순간 궁예의 표정이 살짝 일그러졌고 분위기는 물을 끼얹은 듯 조용해졌다. 그때였다. 높은 학문 실력 덕분에 궁예의 책사로 있던 **최응(崔凝, 898~932)**[3]이 붓을 계단으로 떨어뜨리는 바람에 대구루루 소리가 났다. 최응은 황송한 표정을 지으며 뜰 아래로 붓을 집으러 가면서 왕건 곁을 스칠 때 작은 소리로 말했다.

"굽히지 않으면 위태롭습니다."

최응은 궁예의 성격이나 입장을 감안할 때 왕건의 목숨이 위험하다고 판단해, 일부러 붓을 떨어뜨려서 다가갈 기회를 만든 다음 살짝 귀띔해 준 것이었다. 그와 동시에 궁예가 다시 말했다.

"마지막으로 기회를 줄 터이니, 진실을 말하라!"

"폐하, 죽여 주시옵소서. 신이 역모의 마음을 가졌사옵니다."

왕건은 최응의 조언을 받아들여 마음에 없는 말로 고백했다. 그러자 궁예가 껄껄 웃으며 말했다.

"내 그런 줄 이미 알고 있었다. 솔직하게 말했으니 그대를 용서하고 다시 믿겠다."

이로써 왕건은 죽을 고비를 넘겼다. 그리고 이것이 인연이 되어 왕건은 고려를 세운 뒤 최응에게 높은 벼슬을 주고 가까이 두었다. 최응은 죽는 날까지 뛰어난 책략으로 왕건에게 충성했음은 물론이다.

---

[3] **최응** : 고려의 문신. 오경(五經)에 밝고 문장이 뛰어나 궁예 밑에서 한림랑(翰林郎)으로 있으면서 신임을 얻었다. 고려가 건국된 후에는 광평낭중, 내봉경, 광평시랑 등을 지내면서 왕건의 총애를 받았다.

그런데 궁예는 왜 왕건이 거짓을 사실처럼 고백하자 그 죄를 용서했을까? 왕건이 '아니'라고 계속 대답했다면 그 자리에서 살아남지 못했을 것이다. 그건 사람 마음을 꿰뚫어 보고 있다는 궁예의 관심법을 인정하지 않는, 권위에 대한 반항이기 때문이다. 궁예는 왕건이 죄를 인정하자 자기 권위를 되찾은 기분이 들어 용서해 주었다.

궁예는 여러 장군들이 지켜보는 가운데 왕건의 기를 완전히 꺾어 버리면서 통쾌함을 느꼈다. 게다가 애초부터 뛰어난 장군을 잃음으로써 군대의 힘이 약해지는 것을 바라지도 않았다. 다행히 지혜로운 최응이 적절히 기지를 발휘함으로써 궁예는 권위를 인정받고, 왕건은 목숨을 건질 수 있었다.

• 궁예가 말한 '관심법'이란 무엇일까

궁예는 초기에는 현명한 정치를 펼쳤으나 스스로를 미륵불이라 부르면서 '미륵관심법(彌勒觀心法)'이라는 신비한 능력을 지녔다고 과시했다. 자기를 죽이려 한 신라 왕실에 원한을 가진 나머지 항복한 신라인을 모조리 죽일 때도, 부인 강씨와 두 아들을 살해할 때도 미륵관심법을 통해 나쁜 마음을 파악했노라 주장했다. 궁예의 '미륵관심법'은 미륵보살의 신통력으로 남의 마음을 알아내는 일종의 독심술(상대의 생각을 알아내는 기술)이다.

『고려사』에 따르면 궁예는 터무니없이 반역죄를 꾸며서 날마다 많은 사람들의 목숨을 빼앗았다. 방법도 잔인해서 석 자나 되는 쇠방망이를 불에 달구어서 사람의 국부를 지져 죽였다고 한다. 고려인의 입장에서 보면, 관심법은 살인을 위한 변명에 지나지 않았다.

그렇다면 관심법은 전혀 근거 없는 황당한 수작에 불과할까? 그렇지는 않다. 불교의 관심법은 다른 사람의 마음을 몰래 읽는 기술이 아니라, 자기 자신의 마음을 되돌아보아 잘못된 게 있는지 반성하면서 깨달음의 길로 나가는 걸 의미한다. 따라서 관심법은 자기의 문제점을 해결하는 노력이자 자기 성찰(자기가 한 일을 살펴 반성함)을 하는 수련 방법이라 할 수 있다.

정리하자면 사람 마음을 완전히 들여다보는 관심법은 없다. 그러나 미륵보살이나 승려가 아니더라도 저마다 관심법의 능력을 조금씩 가지고 있다. 누구나 처음 만난 사람에 대해 나름대로 평가한 경험이 있을 것이다. 어떤 때는 그저 바라보기만 하고도 그 성품을 짐작하기도 한다. 자기도 모르는 사이에 사람의 마음을 읽는 것이다. 이때의 관심법은 사람들을 여러 차례 만나면서 갖게 된 일종의 고정 관념이며, 나이든 사람일수록 경험이 많기에 사람에 대해 어떨 거라고 단정하는 경향이 있다.

아마도 궁예는 자기의 통치력을 과시하여 사람들의 복종심을 이끌어 내고자 관심법을 들먹였을 것이다. 하지만 결국 승자가 된 왕건이 패자인 궁예를 좋게 평가해서는 곤란하므로 관심법을 허풍이라고 과장되게 평가했을 가능성이 높다. 역사는 사실상 승자의 기록이니까.

왕건의 목숨을 구한
신숭겸의 충성심

왕건은 후삼국 혼란기에 궁예의 휘하로 들어가 많은 전공을 세웠다. 918년에 드디어 부하들의 추대로 국왕이 되었는데 신하들 중 무예가 출중하고 용맹한 **신숭겸**(申崇謙, ?~927)[1]을 일등 개국공신에 봉하고 대장군으로 삼았다.

광해주(지금의 춘천)에서 태어난 신숭겸은 본래 이름이 삼능산(三能山)이었으나 개국 공로로 신(申)이라는 성씨(姓氏)*를 받았다. 한편 태조 왕건과 함께 사냥을 나간 일이 계기가 되어 평산(平山)을 본관으로 삼게 되었다. 거기에는 다음과 같은 사연이 전해진다.

어느 날 신숭겸이 태조와 함께 사냥을 하러 평산에 이르렀을 때였다. 마침 기러기 세 마리가 하늘에서 맴돌자, 태조가 좌중을 둘러보며 말했다.

"누가 쏘아 보겠는가?"

---

❶ 신숭겸 : 고려 초의 무신. 평산 신씨의 시조. 궁예를 폐하고 왕건을 추대하여 왕으로 세워, 고려를 개국하는 데 큰 공헌을 한 개국 공신이다. 태조 10년(927), 공산에서 왕건의 군대가 견훤의 군대에게 포위되자, 왕건을 구하기 위해 그의 옷을 입고 싸우다 전사하였다.

활 솜씨에 자신 있던 신숭겸이 한 걸음 앞으로 나서며 말했다.

"신이 해 보겠나이다."

이에 태조가 활과 화살을 내주자, 신숭겸은 다시 물었다.

"몇 번째 기러기를 맞히리까?"

태조가 빙긋 웃으며 대답했다.

"세 번째 기러기 왼쪽 날개를 맞혀 보아라."

"예, 알겠사옵니다."

신숭겸은 이내 활시위를 당겼고 태조의 명대로 쏘아 맞혔다.

"참으로 대단하도다!"

탄복한 태조는 근방의 땅을 하사하고 자손 대대로 그곳을 물려받게 했다. 이에 연유하여 신숭겸은 평산 신씨(平山 申氏)의 시조가 되었다.

이렇듯 태조의 각별한 신임을 받은 신숭겸은 충성심 또한 남달랐으니 '공산전투(혹은 동수대전)' 일화에서 그런 면모를 확실히 볼 수 있다.

태조 10년(927) 후백제가 신라의 근품성(상주)을 공격하고 여세를 몰아 경주로 진격했다. 신라 경애왕으로부터 다급한 요청을 받은 왕건은 즉각 출병에 나섰으나 공산(公山: 지금의 팔공산)** 동수(桐藪)에서 오히려 견훤(甄萱, 867~936)❷의 군대에 포위당하는 처지가 되었다.

"지난 해전(909)에서의 패배를 반드시 복수하리라!"

견훤은 서서히 포위망을 좁히며 왕건의 목숨을 노렸다. 사태는 위급했다.

❷ **견훤** : 후백제의 제1대 왕(재위 900~935). 본성은 이(李)이고, 전주 견씨(全州甄氏)의 시조다. 효공왕 4년(900)에 완산을 도읍으로 정하고 후백제를 세웠다. 궁예의 후고구려와 충돌하며 세력 확장에 힘썼으나, 차츰 형세가 기울자 936년에 고려에 항복하였다.

이때 신숭겸이 지혜를 발휘하여 왕건에게 옷을 바꿔 입자고 말했다. 신숭겸의 의중을 알아차린 왕건은 거절했다. 아끼는 부하를 죽음으로 내몰 수는 없었기 때문이다. 하지만 여러 차례에 걸친 간청과 급박한 상황 때문에 결국 왕건은 신숭겸과 옷을 바꿔 입었다.

왕의 투구와 갑주를 입고 어차에 오른 신숭겸은 원보(元甫), **김락**(金樂, ?~927)[3]과 더불어 적병을 유인하면서 일전을 시도했다.

"왕건이다! 죽여라!"

후백제군은 신숭겸을 향해 벌떼같이 몰려들었고, 왕건은 그 사이 후백제군의 눈을 피해 가까스로 그곳을 벗어날 수 있었다. 후삼국 통일전쟁의 3대 전투(공산전투, 고창전투, 일리천전투) 가운데 하나로 손꼽히는 이 싸움에서 1만 명에 이르는 고려군이 전멸했고 신숭겸을 비롯해 유능한 장수들도 전사했다.

태조는 그 일을 매우 애통해하며 신숭겸의 아우 능길(能吉), 아들 보(甫)를 원윤(元尹)으로 등용하고 지묘사(智妙寺)를 창건하여 명복을 빌어 주었다. '지묘사'의 智(슬기 지), 妙(묘할 묘)는 신숭겸을 비롯해 유능한 장수들의 뛰어난 임기응변 지혜를 상찬한 명칭이다.

---

❸ **김락** : 고려의 개국 공신. 태조 10년(927), 공산에서 왕건의 군대가 견훤의 군대에게 포위되자, 신숭겸 등과 함께 견훤의 군대와 싸워 왕건을 구하고 전사하였다. 뒤에 예종은 그와 신숭겸을 추도하여 '도이장가(悼二將歌)'를 지었다.

• 누가 성씨 제도를 확립했을까

한국의 성씨(姓氏)는 중국 문화를 받아들이면서 형성됐지만, 삼국 시대에는 성(姓)을 사용한 사람이 많지 않았다. 고려 태조 왕건은 이런 성씨를 정치적으로 잘 활용하여 체제를 안정시켰다.

왕건은 국호를 '고려'로 바꾸면서 고구려의 계승 국가임을 선언했다. 그리고 각 지방 호족들과 정략결혼을 함으로써 취약한 지방 장악력을 보완했다. 이때 왕건은 유력자에게 왕(王)을 성씨로 하사하는 한편 개국 공신들에게도 다양한 성을 하사해서 특별한 기분을 안겨 주었다. 이를테면 왕건은 신라 사람 김행(金幸)에게 권능(權能)이 많다 하여 권씨 성을 주는 식이었다.

고려의 개국공신 신숭겸, 복지겸(卜智謙), 홍유(洪儒), 배현경(裵玄慶) 등도 처음에는 성이 없었다. 각기 삼능산, 복사귀(卜沙貴), 홍술(弘述), 백옥(白玉)으로 불렸던 이들은 성을 하사받음으로써 신숭겸은 평산 신씨, 충남 당진 면천 출신인 복지겸은 면천 복씨(沔川 卜氏), 홍유는 부계 홍씨(缶溪 洪氏), 배현경은 경주 배씨(慶州 裵氏)의 시조가 되었다. 권능은 안동 권씨(安東 權氏)의 시조다.

또한 고려 초기부터 귀족 관료들은 성을 썼으며, 고려 문종은 '성씨 없는 사람은 과거시험을 볼 수 없다'는 법령을 반포함으로써 성씨 제도를 확실히 굳혔다. 우리나라 성씨 중에 문종 이후의 사람을 시조로 하는 경우가 많은 이유가 여기에 있다.

•• 팔공산(八公山)

대구광역시와 경상북도의 경계에 있는 산으로, 옛 이름은 공산(公山)이었다. 삼국 시대에는 산의 일부 지형이 쪼그리고 앉은 꿩을 닮았다고 하여 '꿩산'으로 불렸고, 한자로는 발음이 비슷한 '공산'으로 표기했다.

그러다 공산전투 때 신숭겸, 김락, 전이갑, 전의갑 등 여덟 장수가 장렬히 전사하자 왕건이 공산 앞에 '八(여덟 팔)' 자를 붙이면서 팔공산이 됐다고 한다. 산 곳곳의 지명에도 아직 전투의 흔적이 남아 있다. 예컨대 왕건이 가까스로 탈출하여 도착했던 팔공산 입구 '불로동(不老洞)'은 어른들은 피난 가고 아이들만 남아 있던 데서 비롯된 지명이다. 그 밖에 '지묘동(智妙洞)'은 신숭겸 장군이 왕건 복장으로 후백제군을 유인한 지혜가 오묘하다 해서, '해안(解顔)'은 겨우 위기를 벗어나 얼굴이 펴졌다고 해서, '독좌암(獨座岩)'은 탈출하던 중에 홀로 잠깐 앉은 바위라 해서, '반야월(半夜月)'은 새벽 반달이 탈출로를 비춘 데서 유래한 지명이다.

재치와 풍자로
임금을 바르게 보필한 서필

이천 서씨(利川 徐氏)의 시조 **서신일(徐神逸, ?~?)**[1]은 자손을 보지 못하고 생을 마감할 뻔했으나 기적적으로 아들을 낳았다. 이제현(李齊賢, 1287~1367)은 『**역옹패설**』[2]에서 그 사연을 다음과 같이 전하고 있다.

신라 말엽 국운이 다했다고 판단한 서신일은 이천 효양산 근처에서 은둔 생활을 하고 있었다. 그러던 어느 날 사슴 한 마리가 자신을 향해 달려오더니 집으로 뛰어들었다.

'아니, 사슴이 웬일이지?'

서신일이 의아하게 생각하며 사슴을 자세히 살펴보니 목에 화살이 꽂혀 있었다.

[1] **서신일** : 신라 말 고려 초 이천 지방의 호족으로, 이천 서씨의 시조이다. 신라 효공왕 때 벼슬이 아간대부에 이르렀으나 신라의 국운이 다했음을 알고는 이천의 효양산 기슭에 은거하면서 후진양성에 여생을 바쳤다. 아들 서필, 손자 서희, 증손자 서눌이 모두 고려의 재상을 지냈다.

[2] **역옹패설 [櫟翁稗說]** : 1342년(충혜왕 복위 3) 역옹 이제현이 지은 시화문학서(詩話文學書). 저자는 고려 말의 시(詩)·문(文)·사(辭)의 대가였고 경사(經史)에도 두루 통달한 문호였으므로 이 책에 실린 역대 시문(詩文)에 대한 비평은 한국 문학사상 큰 자리를 차지한다.

‘참으로 불쌍하구나.’

측은함을 느낀 서신일은 즉각 화살을 뽑고는 사슴을 집 안에 숨겨 주었다. 잠시 후 사냥꾼이 찾아와서 물었다.

“혹시 화살 박힌 사슴을 보지 못하였소?”

“보지 못했소이다.”

서신일은 짐짓 아무 일 없었던 듯한 표정을 지었다. 사냥꾼은 어딘지 미심쩍어했으나 그런 줄 알고 이내 다른 곳으로 갔다. 서신일은 사슴을 정성껏 치료해 준 다음 산으로 돌려보내 주었다.

그날 밤 서신일의 꿈에 백발 산신령이 나타나 이렇게 말했다.

“오늘 그대가 구해 준 사슴은 바로 내 아들이다. 그대의 도움을 입어 죽을 고비에서 살아났으니, 마땅히 그대의 자손으로 하여금 대대로 재상이 되게 하리라.”

꿈을 깬 서신일은 조금 황당했다. 백발이 다 되도록 자식이 없었기 때문이다. 그러나 신기하게도 그로부터 얼마 후 부인의 몸에 태기가 있더니 아들을 낳았다. 그때 그의 나이 80세였다.

서신일은 늦은 나이에 낳은 아들에게 서필(徐弼, 901~965)이라는 이름을 지어 주었다. ‘弼(도울 필)’이라는 글자에서 짐작할 수 있듯 ‘도움 받아 태어났으니 남을 돕는 사람이 돼라.’는 뜻을 담고 있었다.

서필은 성장하여 재상이 되었는데 그 과정도 범상치 않다. 일개 서리(胥吏)로 시작해서 점차 출세하여 조선 시대의 정승에 해당하는 내의령까지 올랐기 때문이다. 고려 시대에 문과를 거치지 않고 정승에 오른 인물들이 대부분 무신이라는 점을 감안하면 더욱 놀라운 일이다.

그렇다면 하급 관리가 어떻게 고급 관리로 출세할 수 있었을까? 서필의 성공 비결은 관리로서의 재능, 청렴함 그리고 강직함에 있었고, 이는 **광종**(光宗, 925~975)[3]의 치세 때 빛을 보았다.

한번은 광종이 당시 재상으로 있던 왕함민, 황보광겸, 서필 세 사람에게 금으로 만든 술잔을 하사하며 격려해 주었다. 이때 서필은 받지 않고 정중히 사양했다. 광종이 그 이유를 묻자 서필은 이렇게 대답했다.

"신이 재보에 있어 이미 총은을 입었는데 다시 금기(金器)를 하사하니 황송하고 분에 넘치는 일입니다. 또한 금 그릇은 사치품입니다. 신하가 금 그릇을 쓰면 임금은 장차 무슨 그릇을 쓰겠습니까?"

듣고 보니 맞는 말이고 아울러 경각심을 불러일으키는 충언이었다. 겉으로는 충분히 만족하고 있다는 겸양의 의미이지만 실제는 국왕에게 사치를 경계하라고 일깨워 준 것이었다. 광종은 서필의 절묘한 충언에 탄복하여 말했다.

"경이 능히 보물로써 보물을 삼지 않으니, 나는 경의 말을 보배로 삼겠소."

서필의 강직한 성품을 보여 주는 일화는 또 있다. 광종이 958년 **과거제**를 전격 실시한 후의 일이다. 광종은 지방 호족을 누르고 왕권을 강화하고자 과기를 통해 관리를 선발하게끔 제도화했다. 과거제는 지방 호족들의 세습 권력을 막으면서 자연스럽게 국왕에 충성하는 관료를 키우는 장점이 있었다. 그리고 과거제의 효과로 권력은 자연스레 국왕에게 집중되었다.

중국에서 참조한 과거제 덕분에 왕권 강화에 성공하자 광종은 너무 기분

---

[3] **광종** : 고려 제4대 왕(재위 949~975). 태조의 넷째 아들이며 정종의 친동생이다. 노비안검법과 과거제를 실시하는 등 개혁정책을 통해 많은 치적을 쌓았다.

이 좋아서인지 귀화한 한나라 학자, 이른바 투화(投化) 한인(漢人)들을 특별히 우대해 주었다. 하지만 그 정도가 지나쳤다. 고려 관리의 큰 집과 딸을 선물로 주기까지 했다. 이에 고려 관리들은 불만을 가졌지만 누구 하나 입 밖으로 불만의 소리를 내지 못했다. 순식간에 호족들을 숙청하면서 왕권을 강화한 광종의 거침없는 기세에 눌렸던 탓이다. 이때 서필이 나서서 말했다.

"신이 사는 집이 좀 넓으니 바라건대 이를 나라에 바치고자 합니다."

광종이 그 까닭을 묻자 서필은 풍자를 섞어 대답했다.

"지금 투화인(投化人)이 벼슬을 골라 얻고 집을 골라 차지하니 대대로 왕가를 섬겨 온 신하들은 도리어 살 곳을 잃었나이다. 신은 나라에서 주는 녹봉에 여유가 있으니 그것으로 작은 집을 지어 자손에게 물려주고자 합니다."

"뭐라?"

광종은 크게 노하여 소리쳤다. 은근히 비아냥대는 것으로 들렸기 때문이었다. 그러나 이내 서필의 충언을 느끼고 깨달았으며 다시는 관리들의 집을 빼앗지 않았다.

광종은 신중하고 조심스러웠지만 결단력이 강해서 과감하기 이를 데 없는 통치자였고 종종 불같이 화를 냈는데, 그때마다 서필은 절묘한 충언으로 왕의 분노를 가라앉히면서 사태를 해결하곤 했다.

내구간의 말이 죽었을 때의 일이다. 왕의 말이 죽었다는 소식에 크게 노한 광종은 내구간 책임자를 죽이려 했다.

"어찌 관리하였기에 내 사랑하는 말을 죽도록 놔두었느냐? 저놈을 당장 쳐 죽여라!"

이때 서필은 간곡한 태도로 왕에게 말했다.

"공자는 마구간에 불이 났을 때, 사람이 상하지 않았느냐 하였지, 말을 묻지 않았다는 옛이야기가 있습니다. 말이 아무리 사랑스럽고 정이 들었다지만 어찌 사람에 비하겠습니까? 내구간의 책임자를 벌하심을 거두어 주십시오."

광종은 무척 속상했지만 서필의 말을 듣고 내구간 책임자를 용서해 주었다.

이처럼 서필은 재치 있는 풍자와 강직한 충언으로 광종을 보필했다. 한편 서필은 세 아들을 두었다. 그중 둘째 아들인 서희(徐熙, 942~998)는 훗날 외교의 달인으로 명성을 떨치며 재상에 오름으로써 보기 드문 '부자 재상(父子宰相)'의 모습을 보여 주었다.

• 광종이 과거제를 실시한 까닭

과거(科擧)는 587년 수(隋) 문제(文帝)가 처음 실시했고, 10세기 이후 송(宋)나라 때 체계적으로 정비되었다. 군벌의 힘으로 일어선 송(宋)은 황제의 독재 정치를 확립하기 위해 새로운 관료들을 필요로 했고, 이에 따라 과거 시험을 통해 관리를 선발했다. 이 제도는 왕조가 바뀌면서도 거의 그대로 유지되었고 20세기 초 청나라가 멸망하기 직전까지 지속되었다.

우리나라에서는 고려 광종 때인 958년 **쌍기(雙冀, ?~?)**[4]의 건의에 의해서 처음 시행되었다. 광종은 왜 과거제 제안을 반색하며 즉각 받아들였을까?

고려는 건국할 때 여러 관리들의 도움을 받았고 지방 호족과 협력하면서 왕조를 유지했기에 그들을 대우해 주어야만 했다. 공신과 호족의 자손들은 부모 덕분에 손쉽게 벼슬을 했고 국왕을 그다지 어렵게 여기지 않았다.

제4대 국왕 광종은 그 점을 못마땅하게 여겨 호시탐탐 왕권 강화책을 생각했는데, 쌍기의 말을 듣는 순간 '옳거니!' 했다. 능력 있는 사람에게 기회를 준다는 명분도 좋았고, 실제로 왕권 강화 효과는 기대 이상이었던 것이다.

그렇다고 족벌 가문이 쇠퇴한 것은 아니었다. 광종은 과거제를 실시하면서도 5품 이상 고위 관리들의 자제에게는 음서제(가문에 기준을 둔 관리등용제도)로 벼슬길을 열어 주었다. 그것마저 일시에 봉쇄하면 반란이 일어날 가능성이 높았기 때문이다. 하여 고려는 왕조 내내 과거제와 음서제를 병행함으로써 귀족 중심 사회를 벗어나지 못했다. 그렇지만 광종은 과거제를 실시함으로써 능력 평가의 시대를 열었다는 점에서 높이 평가받을 만하다.

한편 고려 시대의 과거 시험에는 한문 실력을 평가하는 제술과, 유교 경전을 다루는 명경과, 의학, 천문, 음양, 지리 지식을 평가하는 잡과, 불교 경전을 다루는 승과를 둔 반면에 무신을 뽑는 무과는 따로 두지 않았다. 바꿔 말해 무신들은 과거를 거치지 않고 실력으로 선발되었고, 농민이나 노비의 자식도 무신이 될 수 있었다. 이는 실용적 사고에 기인한 것이지만 과거 시험이 활성화되면서 점차 문신들이 무신들을 무시하는 원인이 되었다.

---

[4] 쌍기 : 중국 후주에서 고려에 귀화한 쌍철의 아들. 958년(광종 9) 당(唐)나라 관리임용제도를 따라 과거제도를 창설하게 하고 과거 시험관에 해당하는 지공거(知貢擧)가 되었다. 이것이 한국 과거제도의 효시이다.

서희의 대담한 외교술

고려 초기 입지전적 인물인 서필의 둘째 아들로 태어난 서희는 19세 때인 960년 과거에 갑과로 장원 급제하여 벼슬길에 나섰다. 서희는 972년 송나라에 사신으로 가서 10여 년 동안 단절되어 있던 외교 관계를 복원하는 성과를 거두었고, 국내에서는 문무(文武) 양면에서 능력을 보이며 아버지처럼 충직한 처신으로 **성종(成宗, 960~997)**[1]의 신임을 얻었다.

서희가 983년(성종 2) 병관어사에 임명되어 왕을 수행해 서경(지금의 평양)에 갔을 때의 일이다. 모처럼 서경에 온 성종은 몰래 금수산(錦繡山) 영명사(永明寺)에 가서 풍류를 즐기며 놀고자 했다.

"고구려 광개토대왕께서 세웠다는 절을 직접 보고 싶구나."

"그건 좀……."

---

❶ 성종 : 고려의 제6대 왕(재위 981~997). 태조 왕건의 손자이다. 관제를 개혁하고, 유교를 국가의 지도 원리로 삼아 중앙집권적 봉건제도를 확립하였다. 거란[요(遼)나라] 군대가 침입하자 서희를 거란군의 진영에 보내서 외교 담판으로 물러가게 했다. 내치와 외교에 많은 치적을 남겼다.

문무백관은 보안 문제로 어쩔 줄 몰라 했다.

"왜? 곤란하단 말이냐? 그렇다면 몰래 가서 잠시 보고 오겠노라."

"……."

성종은 산이 얼마나 아름다우면 '금수' 라 이름을 지었는지도 궁금해서 산행을 계획했다. 이때 서희가 왕에게 글을 올려 그것은 옳지 않다고 간했다. 서희는 왕의 서릿발 같은 질책을 각오했다. 그러나 성종은 뜻밖의 반응을 보였다.

"과인이 생각이 짧았다. 내게 그걸 일깨워 주었으니 말과 안장을 상으로 내리노라."

성종은 이에 그치지 않고 얼마 뒤 서희를 내사시랑으로 승진시켰다. 서희는 아부를 멀리 하고 바른말을 하는 충신이었고 성종은 그런 신하를 아낄 줄 아는 현군이었던 것이다.

서희의 강직한 면모를 보여 주는 일화는 또 있다. 공빈령(供賓令) 정우현(鄭又玄)이 당시 일곱 가지 바로 다스려야 할 일을 논하는 **상소문(上疏文)**•을 올렸을 때의 일이다. 하급 관리의 상소에 불쾌감을 느낀 성종은 재상을 모아 놓고 말했다.

"정우현이 감히 직책을 벗어난 일을 논했으니 벌을 주는 것이 어떠한가?"

"명령대로 하겠습니다."

모두가 성종의 기색을 살피며 합창하듯 대답했으나 서희 홀로 다른 말을 했다.

"옛날에는 간하는 관직이 따로 있지 않았는데 직책을 벗어났음이 무슨 죄입니까?"

성종을 비롯해 재상들이 황당한 표정으로 쳐다보았으나 서희는 계속 말을 이어 나갔다.

"신이 재주 없는 사람으로 재상 자리에 잘못 앉아 있으면서 지위를 훔치고 헛되이 녹만 먹고 있기에 직분 낮은 자가 정사의 성공과 실패를 논하게 했으니 이것은 신의 죄입니다. 더군다나 정우현이 논하는 일은 대단히 적절하므로 상을 주어 장려해야 합니다."

서희는 왕을 탓하는 게 아니라 고위 관리인 자신의 잘못을 거론하며 정우현을 감쌌던 것이다.

"……."

잠시 적막이 흘렀다. 왕은 서희의 말에 크게 깨닫고 고개를 끄덕였다. 성종은 정우현을 감찰어사에 임명하여 나랏일에 잘못된 게 있는지 살펴보게 했으며 서희에게는 아름답게 수놓은 안장과 좋은 말을 내려 치하했다.

이렇듯 어진 임금 성종의 다스림 아래 안정을 찾아 가던 고려에 크나큰 위기가 닥쳤다. 993년(성종 12)에 **거란족(契丹族)**[2]이 쳐들어온 것이다. 거란군 책임자 **소손녕(蕭遜寧)**[3]은 봉산군을 점령한 다음 고려에 문서를 보내 무릎을 꿇으라고 요구했다. 소손녕이 내거는 고려 침략의 근거는 두 가지였다.

첫째, 거란이 이미 고구려의 옛 땅을 차지했는데 지금 너희 나라가 국경을 침범하여 땅을 빼앗아 가므로 우리가 와서 토벌하려 한다.

---

[2] **거란족** : 퉁구스족과 몽골족의 혼혈로 형성된 유목 민족. 916년에 야율아보기(耶律阿保機)가 여러 부족을 통합한 다음 요나라를 건국했다. 고려의 북진정책 및 친송정책과 정안국에 위협을 느껴 993년(성종 12), 1010년, 1018년(현종 9)의 3차에 걸쳐 고려에 침입했다.

[3] **소손녕** : 거란의 장수. 고려 성종 12년(993)에 80만 대군을 이끌고 총사령관으로 고려의 서북 국경으로 침입하여 봉산을 빼앗고 남침했다. 이에 서희가 홀로 거란 군영으로 가 담판을 벌였는데, 서희와의 담판에서 굴복하여 강동 6주를 고려에 넘겨주고 물러갔다.

둘째, 거란이 사방을 통일했음에도 아직 스스로 와서 섬기지 않은 자는 기어이 쓸어 없애 버릴 것이다. 시간 끌지 말고 빨리 항복 문서를 보내라.

이와 같은 항복 요구 문서를 받아 든 고려 조정은 두려움에 떨며 마음 약한 목소리들을 다투어 냈다.

"하루빨리 항복 문서를 보내야 국토를 보전할 수 있습니다."

"서경 이북 땅에는 어차피 여진(女眞)족이 많이 살고 있으므로 거기를 내주고 화친함이 좋겠습니다."

성종은 이러한 절망적 의견에 약간 동조했다. 신흥 군사 강국에 맞서기에는 고려의 군사력이 약하다고 판단했기 때문이다. 성종은 마침내 땅을 떼어 주자는 의견을 따르기로 하고 다음과 같이 명령했다.

"서경에 있는 창고를 열어 백성들이 마음대로 가져가게 하고, 그래도 남는 게 있거든 적의 군량이 되지 않게끔 대동강에 던져 버리도록 하라."

거란군이 텅 빈 서경에서 철수하게끔 유도하자는 전략이었다. 이때 서희가 성종의 그런 명령을 만류하며 말했다.

"식량이 충분하면 성을 지킬 수 있고 싸움도 이길 수 있습니다. 싸움에 이기고 지는 것은 (군대가) 강하고 약한 것에만 있는 것이 아니라 (적의) 허점을 찾아내 움직이는 데 있는 것인데, 왜 서둘러 버리려고만 하시나이까. 더구나 식량이란 백성의 목숨과 같은 것입니다. 그 식량이 적의 손에 들어간다 할지라도 강물에 헛되이 버리는 것은 하늘의 뜻에 어긋날까 두렵습니다."

"……경의 생각이 옳소. 식량을 버리라는 명을 거두겠소."

성종이 마음을 바꾸자 서희가 이어 말했다.

"거란의 동경에서 우리 안북부까지 수백 리 땅은 모두 여진이 살던 것을 광종이 빼앗아 가주(嘉州)와 송성(松城) 같은 성을 쌓은 곳입니다. 지금 거란이 쳐들어온 원래 뜻은 이 두 성을 찾으려 한 것에 지나지 않습니다. 고구려의 옛 땅을 찾겠다고 함은 사실 우리를 두려워하는 것입니다. 이제 그들의 군사력이 크게 우세한 것만 보고 서경 이북 땅을 떼어 주는 것은 묘책이 아닙니다. 또 삼각산 이북도 고구려의 옛 땅인데 저들이 계속 욕심을 부려 요구한다면 다 주시겠나이까. 더군다나 땅을 떼어 주는 것은 만세의 부끄러운 일입니다. 임금께서는 서울로 돌아가시고 신들에게 한번 싸워 보도록 한 뒤에 논의해도 늦지 않습니다."

"……."

서희의 의견에 대부분 대신이 거란군의 화만 돋울 거라며 반대했으나, 결단을 내린 성종은 서희를 중군사(中軍使)로 명하고 시중 문하시랑 최량과 더불어 군대를 이끌고 북쪽 국경에 주둔하며 평안도를 방비하게 했다.

서희는 전투 태세를 갖추면서도 한편으로는 협상을 생각했다. 항복 요구 문서 속에서 거란의 약점을 간파한 서희는 국서를 들고 대범하게 소손녕을 만났다.

소손녕은 서희가 찾아오자 거만하게 내려다보며 말했다.

"나는 대국의 귀인이니 그대는 나에게 뜰에서 절해야 한다."

서희는 소손녕의 위압적 요구를 거부하며 대답했다.

"신하가 임금을 대할 때라면 모르겠지만 양국 대신들이 마주 보는 자리에서 어찌 그럴 수 있겠는가?"

서희의 의연한 태도와 당당한 논리는 소손녕을 심리적으로 압도했고, 이런 기세는 협상에서도 그대로 유지되었다.

소손녕이 먼저 말했다.

"고려는 신라 땅에서 일어났고 고구려 땅은 우리가 차지했는데 당신네가 이를 조금씩 먹어 들어왔소. 또 우리나라와 땅이 이어져 있는데 바다 건너 송나라를 섬기기 때문에 오늘의 출병이 있게 된 것이니, 만일 땅을 떼어서 바치고 황제에게 알현할 사신을 보내면 무사할 것이오."

항복하지 않으면 공격하겠다는 협박이었다. 이에 서희는 이렇게 대답했다.

"그렇지 않소. 우리나라가 바로 고구려의 옛 땅이오. 그렇기 때문에 나라 이름을 고려라고 하였고, 평양에 도읍하였소. 만약 국경을 따진다면 귀국의 동경도 모두 우리 국경 안에 있던 것인데 어찌 조금씩 먹어 들었다고 할 수 있겠소? 그리고 압록강 안팎도 우리 경내인데 지금 여진이 훔쳐 살고 있소 이다. 교활하고 간사한 그들이 통로를 막아 바다를 건너는 것보다도 더 어렵 기 때문에 황제를 알현 못 하고 사신을 보내지 못하고 있소. 만일 여진을 쫓아내고 우리의 옛 땅을 찾아 성보(城堡)를 쌓고 길이 통하면 어찌 사신을 보내지 않겠소. 장군이 만일 나의 말을 전해 천자께서 들으신다면 어찌 가엾게 여겨 받아들이지 않으리오."

거란의 실체를 인정하면서도 고려의 입장을 설명한 현답이었다. 한편으로는 거란에게 회군할 명분을 주는 말이기도 했다. 결국 소손녕은 거란 임금과 상의한 뒤 너그러운 척 고려 입장을 받아들이면서 철군을 결정했고, 서희는 당당히 개선했다. 소손녕은 서희의 조리 있는 말과 당당한 태도에 감탄하여 낙타와 말, 양 등 많은 가축과 비단을 선물하고 돌아갔다.

서희가 소손녕을 설득한 비결은 뭘까? 그것은 말재주가 아니었다. 고려-거란-송의 역학 관계를 정확히 파악한 상태에서 거란이 원하는 게 무엇인지

를 알아내고 그에 맞는 대답을 들려준 게 협상을 타결시킨 비결이었다. 여전히 송나라와 맞서고 있는 거란으로서는 고려와 일대 전쟁을 벌이는 것에 부담을 가졌기에 겁만 준 채 화친을 맺으려 했는데, 고려가 표면상 그렇게 반응했기에 타협에 응했던 것이다.

서희는 여기서 그치지 않고 거란과 통교하려면 여진을 몰아내야 한다고 주장하여 그 뜻을 관철시켰다. 실제로 서희는 직접 군사를 이끌고 여진족을 몰아냈으며 여러 고을에 성을 쌓고 고려 영토를 압록강까지 확대시켰다. 서희의 담판 덕분에 고려는 피 한 방울 흘리지 않고 청천강에서 압록강까지 영토를 늘리는 데 성공했으니 절체절명의 위기를 기회로 바꾼 셈이다.

이 공으로 서희는 내사령에 올랐고 '부자 정승'이라는 명예로운 기록을 남겼다. 또한 서희의 아들 서눌(徐訥, ?~1042)도 문과에 장원 급제해 관직에 나갔으며, 훗날 문하시중(조선 시대의 영의정)에까지 올라 역사에서 찾아보기 힘든 '3대 연속 정승'이라는 명성을 쌓았다.

• 상소문의 유래

상소문은 신하가 임금에게 올리던 글을 말하며, 줄여서 '상소'라고도 한다. 다시 말해 상소는 넓은 의미에서 그러한 행위를 가리키고, 상소문은 그런 상소 중의 하나로서 간곡한 마음을 나타낸 글이다. 상소문은 주로 간관(諫官: 임금의 잘못을 지적하거나 충고하는 관리)나 삼관(三館)의 관원이 임금에게 옳지 못하거나 잘못된 일을 고치도록 하기 위해 올렸다.

원래는 '소(疏)'라고 했는데 '疏(트일 소)'는 '트다', '통하다'라는 뜻을 지닌 한자이니, '임금이 신하들에게 말할 수 있게 터 준 언로(言路)'임을 알 수 있다. 여론 전달 방법이 마땅치 않았던 시대에 임금이 백성과 소통하고자 말길을 열어 둔 것이다.

중국 진(秦)나라 이전에는 '상서(上書)'라 했으나, 진나라 때는 주(奏)라 했다. 한(漢)나라에 이르러 장(章), 주, 표(表), 의(議) 등으로 세분했으며, 주의(奏議), 주소(奏疏)라고도 했다.

우리나라의 경우 임금에게 올리는 글을 '상소문'과 '상주문(上奏文)'으로 구분했다. 상소문은 임금의 잘못을 고치기 바란다는 요청의 글이고, 상주문은 어떤 일에 대한 의견이나 건의 사항을 적은 글을 의미한다.

우리나라의 경우 신라 말엽 설총이 쓴 '화왕계(花王戒)'를 최초의 상소문이라 할 수 있다.

어느 여름날 신문왕이 "기이한 이야기가 있거든 나를 위하여 들려주지 않겠는가?"라고 말했을 때 설총이 옛날이야기 하듯이 해 준 이야기가 바로 화왕계다. 그 내용은 다음과 같다.

신은 옛날 화왕이 처음 이 세상에 나왔을 때의 이야기를 들은 바 있습니다. 향기로운 동산에 심어져 푸른 장막으로 보호된 화왕은 봄에 예쁜 꽃을 피우니 이는 다른 꽃보다 유달리 뛰어났습니다. 화왕은 가까운 곳으로부터 먼 곳에 이르기까지 신령스러운 기운과 요요한 향기를 풍기므로 온갖 꽃들은 분주히 왕을 뵙고자 하였습니다. 이때 갑자기 한 아름다운 사람이 붉은 얼굴, 옥 같은 이에 깨끗한 옷으로 몸을 단정하고 홀로 맵시 있게 화왕의 앞으로 나와 말했습니다.

"첩은 흰 눈 같은 모래밭을 밟고 거울같이 맑은 바다를 대하며, 봄비에 목욕하여 때를 씻고 상쾌한 맑은 바람을 쐬고 사는데 이름은 장미라고 합니다. 지금 임금님의 높으신 덕이 있음을 듣고 찾아왔사오니 기어이 베개를 향유에 드리도록 임금님께서는 허락하여 주소서."

이때 또 한 장부가 있어, 베옷에 가죽 띠를 메고, 머리는 백발인데 손에는 지팡이를 짚고 쇠약한 걸음으로 허리를 굽힌 채 말했습니다.

"저는 서울 밖 큰길가에서 아래로는 창망한 들 경치를 임하고 위로는 높고 험한 산의 경치를 바라보고 사는데 이름은 백두옹(白頭翁: 할미꽃)이라 하나이다. 그런데 가만히 말씀드릴 것은 임금님은 좌우에서 온갖 물건을 충족하게 공급하여 기름진 고기와 맛난 음식으로써 배를 불리고, 차와 술로써 정신을 맑게 하나, 건포(巾布)를 충분히 저장하여 놓고, 모름지기 좋은 약으로 원기를 돋우며, 모진 돌로써 온갖 독소를 깨끗하게 없애야 합니다. 그러므로 비록 사마(명주실과 삼실)가 있으나 관괴(기령풀과 왕골)를 버리지 않고 모든 군자들은 대궤(궁한 나머지 딴 것으로 대용을 삼음)하지 않음이 없다하는데, 임금(花王)님께서는 이 뜻이 어디 있는지 아시지 못하겠나이까?"

그러자 어떤 이가 화왕에게 물어보았습니다.

"둘이 왔는데 어느 것을 취하고 어느 것을 버리겠나이까?"

화왕은 이렇게 대답했습니다.

"장부의 말이 또한 도리가 있으나, 아름다운 사람은 얻기도 어려우니 장차 어찌하면 좋을꼬?"

이에 장부는 다시 앞으로 나아가 말했습니다.

"저는 임금님께서 총명하여 옳은 이치를 아시는가 생각한 까닭으로 왔사오나 지금 보니 곧 그렇지 못하옵니다. 무릇 임금은 간사하고 요망한 자를 친근히 하지 말고 정직한 자를 멀리 아니 하는 것이 좋습니다. 그러므로 맹가(孟軻: 맹자)는 불우하게 평생을 마쳤고, 풍당랑(馮唐郞: 한나라 사람)은 숨어 흰머리로 늙었습니다. 옛날부터 이와 같은데 저인들 어찌하겠습니까?"

그 말에 화왕이 다소 부끄러워하며 말했습니다.

"내가 잘못했다. 내가 잘못했다."

신문왕은 이 이야기를 듣고 씁쓸한 표정을 짓더니 뭔가 깨달은 듯 말했다고 한다.

"그대의 우언(寓言)에는 참으로 깊은 뜻이 있구나. 청컨대 이를 써 두어 임금 된 자가 경계하는 말로 삼으리라."

이후에도 상소는 임금의 잘잘못을 지적하는 데 자주 이용됐으며 통치자의 일방적 독재를 막는 데 큰 역할을 했다.

무속 신앙의
별이 된 강감찬

강감찬(姜邯贊, 948~1031)이 양주 목사로 있을 때의 일이다. 당시 양주(지금의 서울)에는 범이 수시로 출몰하여 사람들을 공포에 몰아넣고 있었다. 이에 **현종**(顯宗: 991~1031)[1]은 강감찬을 양주로 보내 그 문제를 해결하고자 했다.

빠른 걸음으로 양주에 도착한 강감찬은 아전을 불러 물었다.

"여기서 가장 높은 산이 어느 곳이냐?"

"삼각산(지금의 북한산)이 가장 높은데 그중 백운대가 가장 높은 봉우리옵니다."

강감찬은 종이에 뭔가를 적어 아전에게 내주며 말했다.

"그곳에 흉악한 늙은 중이 있을 것이니 이것을 보이고 데려오너라."

"거기는 범이 득시글득시글한 곳이옵니다."

"내가 성상의 뜻을 받들어 여기에 왔거늘 어찌 금수가 감히 관에서 보낸

---

[1] **현종** : 고려의 제8대 왕(재위, 1010~1031). 천추태후의 죽음의 위협으로부터 벗어나, 강조의 정변으로 왕위에 올랐다. 거듭된 거란의 침입을 이겨 내고, 국내를 안정시켰다. 이후 제도를 정비하고 대장경의 조판과 실록의 찬수 등으로 문화를 발전시켰다.

사람을 해하겠느냐.”

아전은 내키지 않았지만 명령이라 부득이 삼각산에 올라갔다. 백운대에 가 보니 과연 사납게 생긴 늙은 중이 있기에 아전은 강감찬의 서찰을 보여 주었다. 늙은 중은 순순히 아전을 따라 산에서 내려왔다.

강감찬은 그 늙은 중을 보자 엄히 꾸짖었다.

“너는 어찌 많은 사람을 상하게 하였느냐! 이제 너희 권솔을 거느리고 백두산 이북으로 가서 이곳에 얼씬도 하지 말라!”

늙은 중은 쩔쩔매며 용서를 빌었다.

“두 번 다시 그런 잘못을 저지르지 않겠사옵니다.”

“듣기 싫다! 당장 썩 물러가거라!”

이에 늙은 중은 넋이 나간 듯 슬피 울고는 슬며시 사라졌다. 그리고 그날 밤 수많은 범들의 울음소리가 들리더니 그다음부터는 범의 그림자도 볼 수 없게 되었다. 늙은 중은 범의 우두머리였다고 한다.

이 이야기는 조선 시대 『용재총화』와 『신증동국여지승람』을 비롯해 여러 문헌에 전해지는 내용이다. 왜 이런 황당한 이야기가 수백 년이 흐른 뒤에도 계속 기록됐을까? 그 수수께끼는 강감찬의 일생을 살펴보면 저절로 알게 된다.

강감찬은 서울 **낙성대(落星垈)**[2]에서 태어났다. 거기에는 사연이 있다. 어느 때 천문과 지리에 밝은 관리 한 명이 말을 타고 그곳을 지나가다가 밤하늘에서 별이 떨어지는 광경을 보았다.

---

[2] **낙성대** : 고려 시대의 강감찬 장군 유적지. 태어나던 날 하늘에서 큰 별이 떨어졌다는 전설에 따라 '별이 떨어진 터'라는 뜻의 낙성대라는 이름이 붙었다. 거란의 침략을 막아내는 등 큰 공을 세운 장군의 공적을 찬양하기 위해 장군의 집터에 사리탑(舍利塔) 방식의 삼층석탑을 세웠다. 서울특별시 관악구 봉천동에 위치하고 있다.

“이건 상서로운 징조야.”

호기심을 느낀 관리는 별이 떨어진 곳을 찾아 어느 집에 도착했다. 그 집 안에서는 요란한 아기 울음소리가 들렸기에, 관리는 그 집 하인을 불러 이렇게 말했다.

“이 집에 별이 떨어져서 저 아이가 태어났으니 위대한 인물이다. 낙성영웅(落星英雄)이 머지않아 세상에서 빛을 뿜을지니 부디 잘 기르라고 전하여라.”

강감찬은 이렇게 태어났지만 웬일인지 성장이 순탄치 않았다. 키가 또래보다 작고 얼굴도 못생긴 편에 속했다. 『고려사』에는 “체구가 왜추(矮醜)하여 외모가 자못 초초(草草)했다.”라고 기록되어 있는데, ‘몸집이 작고 인물이 못났다’ 라는 뜻이다.

하지만 강감찬은 두뇌가 뛰어났고 책 읽기를 무척 좋아했다. 그는 틈틈이 무예를 닦아 문무를 겸비하려 노력했으며 천문, 지리, 병법 등을 익혔다.

강감찬은 983년(성종 2) 비교적 늦은 나이인 35세에 장원 급제하여 벼슬길에 올랐다. 그 뒤 양주목사, 동경유수를 지내는 등 10여 년 동안 여러 고을을 돌다가 993년 개경으로 올라와 예부시랑이 되었다. 예부는 조선 시대의 예조에 해당하며 시랑은 참판(차관)급 고위직이었다. 그는 이후 탁월한 능력을 바탕으로 탄탄대로의 출셋길을 달렸다.

강감찬이 범을 깨끗이 물리쳤다는 일화는 양주목사 시절부터 시작되었다. 그 무렵 양주는 작은 고을에 지나지 않았는데 범이 들끓어서 인명 피해가 상당했다. 어른 아이 할 것 없이 범에게 물려 가는 바람에 ‘범에게 물려 간다’ 라는 말이 관용어처럼 쓰일 정도였다. 이런 상황에서 부임한 강감찬은 기발한 방법으로 범을 몰아냈다.

"마을 주변의 나무들을 모두 베어라!"

범은 숲에서 생활하는 바 그 근거지를 없애고자 마을 근처에 있는 숲을 민둥산으로 만든 것이었다. 강감찬은 이어 사냥꾼들을 동원하여 함정을 파고 덫을 놓아 눈에 띄는 범들을 모두 잡아 죽이게 했다. 전략은 적중해서 어느 순간부터 범들이 마을에 나타나지 않았다. 후에 이를 바탕으로 강감찬의 호랑이 퇴치 신화가 탄생했다.

그보다 더욱 강감찬의 명성을 드높인 건 거란의 침입을 물리친 일이었다. 풍전등화 같은 국가적 위기를 두 번이나 막아 냈기 때문이다.

1010년(현종 1) 거란이 **강조의 정변**˚을 구실로 고려를 침공해 왔다. 고려는 강조(康兆, ?~1010)를 행영도총사로 삼아 30만 군으로 맞서 싸우게 했으나 크게 패하고 말았다. 놀란 고려 조정은 긴급히 논의를 했는데 대신들은 모두 항복을 주장했다.

"우리의 주력 군대가 심한 타격을 입어 대책이 없으니 항복해야 합니다."

"그렇사옵니다. 더 많은 희생이 있기 전에 서둘러 항복 의사를 전해야 합니다."

이렇듯 항복 의견이 대세일 때 강감찬이 다른 의견을 내놓으며 분위기를 빈진시켰디.

"지금 형세는 워낙 중과부적(衆寡不敵)입니다. 적은 병력으로 당장 적의 대군에 대항함은 어리석은 일이니 잠시 예봉을 피했다가 후일을 기다려 회복함이 마땅하나이다."

현종은 강감찬의 의견을 받아들여 나주로 피신했다. 그러면서 양규가 곽주에서 적을 무찌르고 하공진이 외교적 전략을 펼쳐 거란과 강화를 맺었다.

현종이 직접 거란에 가서 용서를 빌겠다는 조건을 단 화의였지만 그나마 치욕스런 항복은 면할 수 있었다.

1018년(현종 9) 거란의 소배압이 10만 대군을 이끌고 다시 고려에 쳐들어왔다. 거란은 현종이 친조(親朝: 왕이 직접 가서 인사하는 것)하지 않았음과 **강동6주(江東六州)**[3] 반환 지연을 구실로 삼았다. 이번에는 고려도 만만치 않았다.

강감찬은 상원수가 되어 부원수 **강민첨(姜民瞻, ?~1021)**[4] 등과 함께 곳곳에서 거란군을 격파했다. 압록강 근처 흥화진(興化鎭) 전투에서는 1만 2,000여 기병을 산골짜기에 매복시키고 당황한 적군을 일거에 소탕하는 전략을 썼다. 이때 굵은 밧줄로 소가죽을 꿰어 성 동쪽의 냇물을 막았다가 적병이 이르자 막았던 물막이를 터뜨려 혼란에 빠진 거란군을 크게 무찔렀다.

1만여 병사를 잃은 소배압은 그래도 개경을 향해 쳐들어갔으나 성과를 거둘 수 없었다. 병사들은 갈증과 허기로 고통을 호소했다.

"배고파. 너무 배고파."

"갈증 나서 못 참겠어. 물을 마시고 싶어."

고려군이 미리 우물을 메우고 식량을 성 안으로 옮겼기 때문이었다. 이에 그치지 않고 고려군은 기습 작전을 펼쳐 거란군의 사기를 떨어뜨렸고 결국 소배압은 철수를 결정했다.

하지만 이것이 끝이 아니었다. 고려군은 패퇴하는 거란군을 추격하여 구

---

[3] **강동6주** : 고려 시대(성종 13)에, 북방 진출에 장애였던 여진족을 몰아내고 평안북도 서북 해안 지대에 설치했던 여섯 주(州). 흥화(興化), 용주(龍州), 통주(通州), 철주(鐵州), 귀주(龜州), 곽주(郭州)를 이른다. 현종 때 거란의 침략 당시 회군하는 거란군을 강감찬이 귀주에서 크게 격파했는데, 이것이 '귀주대첩'이다.

[4] **강민첨** : 고려 시대의 장군. 1012년(현종3)에 영일 등지에 쳐들어온 동여진(東女眞)을 격퇴하였다. 1018년(현종9) 거란의 소배압(蕭排押)이 10만 대군을 이끌고 쳐들어오자 강감찬의 부장(副將)으로 출전하여 흥화진(興化鎭), 자산 등의 싸움에서 크게 이겼다.

주(龜州)에서 적을 섬멸했다. 매복 공격 전술로 아군의 피해는 최소화시켰고 침략군은 10만 명 중에서 겨우 수천 명만 목숨을 건졌다.

그러나 고려 전체가 입은 피해는 적지 않았다. 많은 사람이 죽거나 다쳤고 거란군의 행패에 의해 귀중한 문화재들이 파괴되었다. 그렇지만 고려는 국가적 자존심을 지키면서 실리를 챙겼다. 그해 여름부터 고려와 거란 사이에 사신이 왕래하면서 평화적 국교 관계를 지속한 것은 그 덕택이다.

고려군이 거란과의 싸움에서 승리하고 돌아오는 날, 백성의 환영 열기는 하늘을 찌를 듯했다. 현종은 친히 영파역(迎破驛)까지 나와 강감찬을 얼싸 안고 금화팔지(金花八枝: 금으로 만든 꽃 여덟 송이)를 머리에 꽂아 주고 왼손으로 그의 손을 잡고 오른손으로 술잔을 들어 권하면서 그의 전공을 칭찬했다.

"정말 수고하였소. 공의 노고로 이 나라가 큰 위기를 넘겼소."

"황공하옵니다."

이제부터는 누가 봐도 강감찬의 전성시대였다. 사실상의 일인지하 만인지상(一人之下 萬人之上)이 된 것이다. 그러나 강감찬은 모든 공직에서 물러나겠다는 뜻을 밝혔다. 현종은 계속 곁에 있어 달라며 말렸지만 강감찬은 70세의 연로한 나이를 들어 사의를 거두지 않았다. 1년 후 야인으로 돌아간 강감찬은 자연을 벗 삼아 지내면서 10년 동안 『낙도교거집(樂道郊居集)』과 『구선집(求善集)』 등의 시가집을 남겼다.

강감찬은 표면상 고령을 내세웠지만 그의 은퇴는 제2인자에 대한 견제를 사전에 방지하는 지혜였는지도 모른다. 나라가 안정된 뒤에는 영웅의 가치가 떨어지고 시기심 어린 공격이 많아질 가능성이 높으니 말이다. 그런 점에서 그는 '장군'이라는 호칭으로 국한하기에는 부족한 '위대한 작은 거인'이라고 평가함이 더 타당한 듯싶다.

한편 흥화진에서의 기발한 몰살 전략과 구주대첩으로 인해 강감찬은 백성에게 신화적 영웅이 됐고, 무속 신앙의 신으로까지 숭배되었다. 적군을 섬멸했듯 잡귀와 액운을 물리쳐 주리라는 기대감이 반영된 무속문화였다. 조선시대에 강감찬의 영정이 무속 신앙에서 단연 최고 인기를 끌고 강감찬과 관련된 수많은 설화가 기록된 이유가 여기에 있다.

• 강조의 정변

고려 1009년(목종 12) 강조가 목종을 폐위하고 현종을 옹립한 사건을 말한다. 그 개요는 다음과 같다.

고려 제7대 왕 목종(980~1009)이 997년 17세 나이로 즉위하자 모후인 천추태후는 섭정을 시작하면서 김치양을 불러들였다. 김치양은 천추태후의 남편인 경종이 승하한 뒤 남몰래 천추궁을 출입하면서 천추태후와 정을 통했던 정부였는데, 추한 소문이 나돌자 성종이 장을 치고 유배를 보냈었다. 그랬는데 성종이 죽고 목종이 등극하자 천추태후가 다시금 불러들인 것이다.

1003년(목종 6) 천추태후와 김치양 사이에 아들이 생겼고, 천추태후는 자기 자식을 다음 왕으로 삼고자 했다. 목종에게 아들이 없기에 그런 야욕을 품었다. 하지만 걸림돌이 있었다. 바로 태조의 유일한 혈통인 대량원군(大良院君)이었다. 천추태후는 대량원군을 강제로 출가시켜 승려로 만든 다음 여러 차례 독살하려 했으나 번번이 뜻을 이루지 못했다.

"작전을 바꿔서 왕위 계승을 서두릅시다."

김치양 일파는 1009년 목종을 살해하려고 대궐에 불을 질렀다. 목종은 다행히 목숨을 건졌지만 너무 놀란 나머지 병석에 누웠다. 목종은 뒤늦게 음모를 알아채고는 정해진 후계자가 없다는 게 문제라는 걸 깨달았다.

'왕씨 성이 아닌 자가 왕이 되게 할 수는 없지.'

목종은 씨 다른 동생 대신에 대량원군을 택했으며, 신하들을 시켜 그를 맞아 오게 했다. 서경의 서북면 도순검사 강조에게는 개경으로 와서 대량원군을 호위하라 명했다. 강조는 왕명을 받들고자 군사 5,000명을 이끌고 개경으로 오던 도중에 뜻밖의 소식을 접했다.

"왕은 이미 죽었소."

목종의 승하 소식을 들은 강조는 잠시 주저하다가 부하들과 의논한 뒤 다시 개성으로 향했다. 이번에는 왕명을 따르기 위함이 아니라 정난(靖難)이 목적이었다. 김치양 일파의 횡포가 평소 못마땅했으므로 이참에 제거하고자 한 것이었다. 그런데 강조는 평주(지금의 황해도 평산)에 이르러 왕이 죽지 않았음을 뒤늦게 알고 당황했다.

'어찌 해야 하나? 목종이 살아 있는 한 김치양 일파를 제거할 수 없는데……'

강조는 결단을 내렸다. 아예 목종을 폐위시키고 김치양 일파를 일거에 쓸어버리겠다고 마음 먹은 것이다. 강조는 김응인을 대량원군에게 보내 맞이하게 하고 대궐로 쳐들어갔다. 이에 목종이 달아나고 대량원군이 즉위하니 이가 곧 현종이다.

강조는 김치양과 그의 아들 및 추종자들을 처단하고 훗날의 복수를 미리 막고자 목종을 시해했으며, 천추태후와 그 일당을 멀리 귀양 보냈다.

이 정변은 반역임에 분명했으나 백성들에게는 지지를 얻었다. 나라를 어지럽힌 간신을 과감히 처형하고 왕실 기강을 바로잡았기 때문이다. 그렇지만 왕을 멋대로 폐립하고 시해한 일에 대해서는 맹렬한 비난을 받았다.

또한 이 사건은 거란에게 고려 침입의 구실을 주었고, 강조 자신은 거란과의 싸움에서 사로잡히는 처지가 되었다. 거란 임금은 붙잡혀 온 강조의 결박을 풀어 주면서 자기 신하가 되라고 회유했다. 그러자 강조는 포로 신세임에도 불구하고 당당한 목소리로 대답했다.

"나는 고려인이다. 어찌 다시 너의 신하가 되겠느냐?"

결국 강조는 장렬히 최후를 마쳤다.

현종의
파란만장한 생애

고려 제5대 왕 **경종**(景宗, 955~981)[1]의 왕비 헌정왕후 황보씨는 왕이 승하한 뒤 왕륜사 남쪽의 개인 집에서 홀로 살고 있었다.

어느 날 밤 황보씨는 곡령(송악산)에 올라가 소변을 보는 꿈을 꾸었다. 그런데 오줌이 멈추질 않고 계속 나와 소용돌이를 일으키더니 급기야 나라를 은빛 바다로 만들었다. 이른바 **선류몽**(旋流夢)*을 꾼 것이다.

"아니 이 무슨 흉한 꿈이람?"

잠에서 깬 황보씨는 걱정이 되어 점을 쳤고, 점쟁이는 그 꿈을 이렇게 풀이해 주었다.

"아이를 낳을 운명입니다."

그 말을 들은 황보씨는 어이없다는 듯 웃으며 핀잔을 주었다.

---

[1] **경종** : 고려의 제5대 왕(재위 975~981). 제4대 왕 광종의 장남이다. 즉위 초에는 고려 토지제도의 근간을 이루는 제도를 마련했다고 평가받는 전시과(田柴科)를 제정하는 등 의욕적인 정책을 펼쳤다. 그러나 나중에는 정사를 돌보지 않고 방탕한 생활을 하였다.

"내가 과부인데 어찌 아이를 낳을 수 있겠는가?"

그에 상관없이 점쟁이가 예언하듯 말했다.

"송구하오나 점괘가 그렇게 나왔습니다. 아들을 낳으면 일국의 왕이 될 것이옵니다."

"호호호. 참으로 해괴한 해몽이로구나."

그로부터 얼마 후 아들을 낳을 것이라는 점쟁이 말은 현실이 되었다. 황보씨가 바로 옆집에 사는 배다른 삼촌 왕욱(王郁)과 왕래하다가 정을 통하여 임신했기 때문이다. 왕욱은 태조 왕건의 여덟째 아들인데 혼자된 황보씨를 위로하고자 자주 출입하다가 서로 눈이 맞아 합방했던 것이다.

"이를 어쩌나. 남부끄러워서 살 수 없네."

황보씨는 출산이 가까워질수록 불안해하다가 해산 날이 가까워지자 왕욱의 집으로 찾아가서 잠을 청했다. 그러고는 마당에 섶을 놓고 불을 지르며 죽겠다고 그 위로 올라갔다. 불길이 빠르게 솟아올랐고 느닷없는 일에 사람들이 뛰쳐나왔다.

"어이구머니나!"

깜짝 놀란 사람들이 황보씨를 구해 주었다. 하지만 황보씨는 남 보기 부끄럽다는 듯 통곡하며 자기 집으로 돌아갔다. 너무 자책해서였을까. 황보씨는 막 집으로 들어섰을 때 태가 동하자 마당 앞에 있는 나무를 잡고 그대로 아이를 낳았고 얼마 뒤 출산 후유증으로 세상을 떠났다.

그로부터 사건의 전모를 파악한 성종(헌정왕후의 오빠)은 분노하여 왕욱을 귀양 보냈다. 성종은 태어난 아이 왕순(王詢: 훗날의 현종)을 보모에게 맡겨 기르게 하고는 그 일을 잊으려 했다. 그러나 인연이란 그렇게 간단히 처리되는 일이 아닌 모양이다.

왕순이 두 살 때의 일이다. 부모 없이 자라는 걸 안타깝게 여긴 성종이 어느 날 왕순을 궁으로 불러들였다.

"이리 가까이 데려오너라."

보모는 명에 따라 아이를 왕 앞에 내려놓았는데 아이가 망설임 없이 성종 무릎 위로 올라가더니 말했다.

"아비, 아비!"

그것은 아버지를 찾는 소리였다. 그 모습에 성종은 눈물을 흘렸다.

'이제 막 말을 배우기 시작한 아이가 얼마나 아버지가 그리우면 이러할까……'

사실은 유모가 만약을 생각해서 아이에게 항상 '아버지'라는 단어를 가르친 때문에 생긴 일이었으나 그걸 미처 모른 성종은 아이를 매우 측은하게 여겨 왕순을 아버지 왕욱에게 보내 주었다. 왕순은 996년 왕욱이 죽는 그해까지 귀양지에서 아버지와 함께 살았다. 그리고 이듬해 개경으로 돌아와 왕위에 오를 때까지 힘든 세월을 보냈다.

한번은 **천추태후(千秋太后, 964~1029)**[2]가 보낸 자객에게 암살될 뻔했다. 그전에는 독이 든 음식으로 독살될 뻔한 일도 있었다. 그때 신혈사의 늙은 스님이 방 안에 굴을 파고 그 위에 침상을 놓으라는 방책을 일러 주었기에 살아날 수 있었다. 자객의 기척을 느꼈을 때 재빨리 침상 밑 땅굴에 숨어 목숨을 건진 것이다.

---

❷ **천추태후** : 헌애왕후(獻哀王后). 태조 왕건의 손녀로 제5대 경종의 비(妃)이고, 제6대 성종의 친누이이며, 제7대 목종(穆宗)의 생모이다. 목종이 즉위한 뒤에 천추태후(千秋太后)로 불리며 전권을 행사했으나, 강조(康兆)의 정변으로 권력을 빼앗기고 유배되었다.

대량원군 왕순은 1009년 강조의 정변을 통해 고려 제8대 왕으로 등극했다. 그가 바로 현종이다. 당시 그의 나이 19세였다. 이제 시련은 더 이상 없는 듯싶었다. 하지만 즉위 초인 1010년 10월 거란이 쳐들어왔다. 현종은 강감찬의 권유에 따라 남쪽으로 피난길에 올랐으며 말로 표현할 수 없는 고생을 겪었다.

일례로 공주에 이르렀을 때 옷이 낡아 누더기가 됐을 정도였다. 그날 밤 공주 절도사 김은부의 집에서 하루를 묵었고, 김은부의 딸이 옷을 새로 지어 바쳤다. 이 일이 인연이 되어 현종은 남쪽으로 피난을 갔다 다시 상경할 때 그 집에 재차 들러 김은부 딸을 궁주(宮主)로 맞이했다. 김은부의 딸은 현종과의 사이에서 왕자와 공주를 낳아 원성태후가 되었다. 현종은 원성태후의 동생도 왕비(원혜태후)로 맞이했다.

그런데 현종은 왜 자매를 아내로 거느렸을까? 자매가 한 국왕과 결혼하여 함께 사는 것은 신라 제48대 경문왕 때부터 시작된 관습이었다. 이는 남성의 확장적 성욕을 충족하는 동시에 여성의 질투를 최소화하기 위한 조치였다.

어쨌거나 현종은 재위 기간에 여러 차례 외침을 받았지만 고비를 잘 넘기면서 중앙집권 체제를 안정화시켰다.

• 선류몽

'旋(돌 선)', '流(흐를 류)', '夢(꿈 몽)'이라는 글자 그대로 직역하면 '돌면서 흐르는 꿈'인데, 의역하여 풀이하면 '오줌이 소용돌이치며 물바다를 이루는 꿈'이란 뜻이다. 일반적으로 어떤 사람이 산꼭대기에 올라 오줌을 누는데 그것이 흘러내려 온 고을이나 나라를 잠기게 하는 꿈을 가리킨다.

그런데 선류몽은 헌정왕후만 꾼 게 아니다. 신라 시대에는 김유신의 누이동생 보희가 비슷한 선류몽을 꾸었으며, 고려 태조 왕건의 4대조 보육(寶育)이 곡령에 올라 남쪽을 향해 오줌을 누니 천지에 가득 찼다는 기록이 있다. 또한 보육에게는 두 딸이 있었는데 언니가 산꼭대기에 올라앉아 오줌으로 물바다를 만든 꿈을 꾸자 동생 진의가 비단치마를 주고 그 꿈을 샀다는 선류몽도 있다.

공교롭게도 이 꿈들에는 공통점이 있다. 선류몽을 꾼 사람들이 모두 귀인을 만나 임신해 장차 왕이 될 아들을 낳은 것이다. 용왕 후손이라는 태조 왕건 가계는 차치하더라도, 보희와 헌정왕후의 꿈 이야기가 그렇다.

김유신의 누이 보희가 어느 날 남산에 올라가 오줌을 누어 서라벌을 오줌바다로 만들었다는 꿈을 동생 문희에게 말하자, 문희가 그 꿈을 길몽으로 여겨 비단치마를 주고 샀으며 이후 김춘추(신라 태종 무열왕)와 결혼한 것은 잘 알려진 이야기다. 고려의 헌정왕후 역시 오줌바다 꿈을 꾼 뒤 왕욱과 연정을 나눈 끝에 아들 왕순(현종)을 낳았다.

그렇다면 두 꿈은 우연일까? 그 진실은 명확히 알 수 없으나 왕실의 홍보 전략 중 하나였을 것으로 여겨진다. 왜냐하면 김춘추와 왕순은 적통(嫡統: 정실의 후손)이 아니었기 때문이다. 김춘추는 성골이 아닌 진골 출신 최초의 왕이며, 왕순은 불륜으로 태어난 사생아로서 고려 억대 국왕 중 왕통(왕의 아들)이 아닌 유일한 사람이다. 예나 지금이나 많은 사람들은 꿈의 계시나 예시를 믿는 경향이 있다. 그러므로 선류몽은 그런 혈통적 하자를 보완하고자 일부러 널리 알린 꿈일 가능성이 높다.

산꼭대기에 올라갔다는 것은 무슨 뜻일까? 이는 신분 상승을 의미하는 동시에 성행위를 암시한다. 산꼭대기는 남자의 성기이고, 그곳에서 소변을 본다는 것은 성행위를 은유적으로 표현한 것이다. 또 오줌이 땅 전체를 채웠다는 말은 나라를 다스린다는 의미다. 요컨대 선류몽은 왕가 핏줄의 정통성이 무엇보다 중요시되던 시대에 왕위 계승자에 대한 운명적 계시를 강조하기 위한 선전이었던 것이다.

신선처럼 살았던 곽여

태평한 모습으로 편하게 소에 걸터앉아

뿌연 안개비 속 들길을 가네.

저 냇가 어디쯤 집이 있는가.

그를 쫓아 흐르는 냇물 곁에 노을이 지네.

고려 **예종(睿宗, 1079~1122)**[1] 때 문인 곽여(郭輿, 1058~1130)가 쓴 '장원정 응제야수기우(長源亭應製野叟騎牛)' 라는 시의 내용이다. 제목 '장원정에서 소 다고 기는 시골 노인을 보고'에서 느낄 수 있듯 유유자적한 자연주의 철학이 담긴 시인데, 지은이 곽여는 실제로 그런 삶을 추구했다.

『고려사』에 따르면 그의 자(字)는 몽득(夢得)이고, 꿈에서 어떤 사람이 '輿(수레 여)' 라고 지어 준 걸 그대로 본명으로 삼았다고 한다. '꿈에서 얻은' 이

---

[1] **예종** : 고려의 제16대 왕(재위 1105~1122). 제15대 왕 숙종(재위 1095~1105)의 태자. 예종 3년(1108)에 윤관에게 여진을 치게 하여 지금의 함흥평야에 9성을 쌓았다. 학교를 세우고 국학(國學)에 양현고를 설치하는 등 학문을 진흥시켰다.

름을 그대로 받아들여 개명한 것을 보면, 천천히 움직이는 수레처럼 여유롭게 살고 싶다는 그의 의지가 느껴진다.

곽여는 어린 시절부터 남들과 다른 모습을 보였다. 맵고 냄새 강한 채소를 먹지 않았으며 자극성 없는 담백한 음식을 즐겼다. 또 아이들과 어울려 놀지 않았고 혼자 자기 방에서 글공부에만 열중했다. 누가 시켜서가 아니라 그 자신이 그런 생활을 즐겼던 것이다.

어른이 된 곽여는 몸집이 컸으나 수염은 없었고 눈은 구슬을 박은 듯 빛이 났다. 어려서부터 다양한 분야의 많은 책을 읽었기에 도교, 불교, 의학, 약학, 음양설에 이르기까지 막힘이 없었다. 기억력 또한 뛰어나서 한 번 보면

잊어버리지 않아 사람들을 감탄시켰다. 곽여는 처사를 자처하며 신선(神仙)[•]
처럼 살았다.

"그는 선인이야."

"그래. 사람이 범상치 않아 보여."

곽여는 공부만 파고든 책벌레가 아니었다, 그는 궁술, 기마, 거문고, 바둑 등 여러 잡기에도 능해 종종 취미로 즐겼다. 경치 좋은 곳에서 음률에 맞춰 시를 노래하는 풍류는 곽여가 특히 좋아하는 여가 생활이었다. 과거에 급제한 후 홍주목사(洪州牧使)로 나가 있을 때, 성 바깥 시냇가에 작은 암자를 지어 '장계초당(長溪草堂)'이란 이름을 붙였다. 그는 공무를 끝내고 틈만 나면 그곳에 가서 쉬곤 했다.

곽여는 가정을 꾸리고 싶지 않아서 죽을 때까지 독신을 고집했다. 그렇다고 여자를 싫어한 건 아니었고 이따금 미색을 즐겼다. 그가 홍주에 있을 때의 일이다. 임기가 다 되어 돌아가야 할 시기가 다가왔는데 가까이 지내던 기생의 매력에 빠져 놓치고 싶지 않았다. 하여 홍주를 떠나가는 날 아침에 기생을 불러 물었다.

"너는 나를 따라 서울로 가겠느냐?"

곽여의 마음과 달리 기생은 그다지 정이 들지 않았던지 시큰둥하게 반문했다.

"고향을 떠나서 말입니까?"

기생이 시원치 않게 대답하자 곽여는 웃으며 말했다.

"그럼 안 되겠구나. 대신 내 헤어지는 기념으로 좋은 약을 하나 주고 가마."

"약이라니요? 무슨 약인가요?"

곽여는 대답 대신 환약 한 알을 꺼내 주었고 기생은 얼떨결에 받아먹었다.

"그게 무슨 약인지 아느냐?"

"모르겠사옵니다."

"그것은 신선이 되는 약이니라."

"네? 신선이요?"

기생은 반신반의하며 곽여를 쳐다보았다. 그런 기생을 바라보며 곽여가 진지하게 말했다.

"이제 곧 너는 신선이 될 것이니 잠시 눈을 감고 누워 있어라."

기생은 어리둥절해하면서도 시키는 대로 눈을 감고 누웠다. 곽여가 다시 말했다.

"이불을 덮어 주마. 내가 다시 말하기 전에 눈을 뜨면 약효가 소용없어지니 주의하여라."

곽여는 그렇게 말하고는 이불로 기생을 둘둘 말아서 말에 태웠다. 그러고는 그대로 서울로 데려왔다. 물론 환약은 신선이 되는 약이 아니었고, 곽여는 농담으로 기생을 속인 것이었다. 그런데 이렇게 반강제로 데려왔건만 몇 년 지나서 고운 얼굴이 예전만 못해지자 곽여는 거리낌 없이 기생을 홍주로 돌려보내고 자기 집 비첩을 데리고 놀았다. 그러니 그에 대한 소문이 좋을 리 없었다.

하지만 곽여는 학식이 뛰어나고 대화를 유쾌하게 이끌 줄 아는 덕분에 예종의 신임을 받았다. 예종은 그를 선생으로 부르면서 자주 가르침을 청했다. 곽여는 검은 두건을 쓰고 학창의(鶴氅衣: 흰 바탕 옷깃과 소매 끝에 검은 선을 둘러 학처럼 보이는 옷)를 입고 항상 왕의 곁에서 조용히 이야기를 나누거나 시를 주고받았기에 당시 사람들은 그를 금문우객(金門羽客: 왕궁 안에 있는 신선)이라고 일컬었다. 예종은 곽여를 스승이자 친구처럼 여기며 종종 거문고와 바둑을 함께 즐기기도 했다.

'궁중에만 갇혀 지내면 답답해하실지도 모르겠구나.'

예종은 신선 같은 풍모의 곽여를 이렇게까지 배려하여 서화문(西華門) 밖에 별장을 지어 주었다. 너무 오랫동안 궁궐에 있으면 행여 한적한 전원 생활을 그리워할까 염려해서였다.

곽여는 임금의 성은에 고마움을 느꼈지만 거기에 만족하지 못했다. 그는 온전한 은거 생활을 하고 싶어 했다. 예종이 말렸지만 곽여는 끝내 궁궐에서 물러가겠다는 의지를 관철시켰다. 이에 왕은 동편 교외 약구산 봉우리에 거처할 집을 마련해 주었다.

곽여는 자기 호를 '동산처사(東山處士)'라 짓고, 자기가 지내는 방을 허정당(虛靜堂), 서재를 양지재(養志齋)라고 명명했다. 왕은 친필로 허정재(虛靜齋)라는 현판을 써 주며 변함없는 애정을 보였다. 곽여는 이때부터 산재(山齋: 산속에 지은 운치 있는 집) 생활을 매우 즐겼다. 물론 그의 곁에는 어여쁜 비첩들이 시중을 들었다.

예종은 곽여를 떠나보낸 뒤에도 잊지 못하고 무척 보고 싶어 했다. 당시 고려는 신선 사상이 널리 퍼져 있었는데 예종 역시 그런 사상을 믿었던지라 남다른 분위기의 곽여를 그리워한 것이었다. 예종은 어느 날 곽여의 산재를 불쑥 방문했다. 그런데 때마침 곽여는 성 안으로 들어가 집을 비워 둔 상태였다.

"어허. 이거 참. 모처럼 찾아왔는데 곽 선생을 볼 수 없으니 안타깝구나."

예종은 곽여를 만나지 못해 섭섭해하며 한참을 배회하다가 '어느 곳에서나 술 잊기 어려워'란 제목의 시, '하처난망주(何處難忘酒)'를 지어 벽에 붙여 놓고 궁궐로 돌아갔다. 얼마 후 집으로 돌아온 곽여는 그 시를 보고 안타까움을 느끼며 '동산재응제시(東山齋應製詩)'라는 답가를 지었다.

어느 곳에서나 술 잊기 어려워

임금님 수레가 헛되이 돌아가셨구나.

부잣집의 작은 잔치에 참석했다가

신선 부엌에 찬 재를 떨어뜨렸도다.

밤새껏 고을 유생들과 술 마시니

새벽녘에 하늘의 문이 열렸도다.

지팡이 짚고 봉래 길을 돌아오면서

나막신에 낙성의 이끼를 묻혀 왔더니

나무 아래 청의동자 알리는 말이

구름 사이에 옥황님이 오셨다 한다.

한림원 관원이 모두 쓸쓸해하고

임금 수레가 오랫동안 서성대다가

뜻이 있어 붓 뽑아 시 한 수 써 놓고

사람 없어 누대에 혼자 오르셨다 하니

임금님 뵙지 못했으니

세상으로 향했던 일이 못내 한스럽도다.

머리를 긁적이며 계단 아래에 서서

시름을 머금고 돌굽에 기대섰노라.

이러한 때 술 한잔 없다면

내 작은 마음을 어찌 위로하리오.

　이렇듯 예종의 사랑을 듬뿍 받은 곽여는 72세까지 살다가 1130년(인종 8)에 세상을 떠났다. 왕은 그의 죽음을 애석히 여기며 '진정(眞靜)'이란 시호를 내렸고 **정지상(鄭知常, ?~1135)**[2]에게 명하여 '산재기(山齋記)'를 지어 비석을 세우게 했다.

---

[2] **정지상** : 고려 시대의 문신. 시에 뛰어나 고려 12시인의 한 사람으로 꼽혔다. 왕의 명을 받아 '산재기'를 지었다. 훗날 묘청의 난에 연루되어 김부식에게 피살되었다. 역학과 노장 철학에도 조예가 깊었다. 저서에 『정사간집(鄭司諫集)』이 있다.

• 신선은 왜 늘 노인으로만 그려질까

신선은 중국 도교에서 유래된 이상적인 인간상(人間像)으로서, 속세를 떠나 산속에 살면서 불로불사(不老不死) 기술을 닦아 신통력을 얻은 사람을 이르는 말이다. '선인(仙人)'이라고도 하는데, '선인'이란 글자 그대로 산(山)에 사는 사람(人)을 뜻하므로 산악숭배와 관련 있다.

'仙(신선 선)'이라는 글자는 신이 되어 인간이 사는 곳에서 멀리 떨어진 산, 언덕에서 지내는 탁월한 부류의 인간인 신령을 나타내는데, 그에게는 사당도 지어 바치지 않는다. 세상천지를 자유로이 드나드는 신선들에게 특정한 집(사당)은 불필요하기 때문이다.

우리나라에서는 신선 사상이 무속과 함께 원시 신앙의 바탕을 이루고 있다. 건국 신화의 원형인 단군 신화를 비롯하여 대부분 설화가 신선 사상과 밀접한 관련이 있으며, 고구려 고분 벽화에 신선들이 그려져 있다.

그런데 신선 그림들을 보면 하나같이 백발노인이다. 왜 신선은 노인으로만 묘사했을까?

본래 우리나라 신선은 노인이 아니었다. 고구려 5호분 벽화에는 여러 신선의 모습이 그려져 있는데 한결같이 얼굴이 젊어 보이고 머리털이 검게 묘사되어 있다. 벽화는 대개 그 나라 문화나 사람들의 정서를 대변하는 바 이것으로 미루어 고구려 고분 벽화의 신선들은 용맹, 활달한 고구려인 기상을 드러내고 있다고 말할 수 있다.

이에 비해 중국에서는 전통적으로 노인이 지혜로운 자로 존경받았다. 따라서 신선을 노인으로 묘사한 그림들은 노인을 공경한 중국 정신문화의 산물이다. 노인을 공경하기는 우리나라에서도 마찬가지였지만, 신선도에 있어서 노인을 주인공으로 등장시킨 것은 중국 문화의 영향권에 있었던 조선 시대의 일이라는 점에서 '신선=노인'이라는 등식은 중국 문화의 산물임에 틀림없다.

신선 중에는 머리 모양이 뾰족하거나 머리 윗부분이 높은 경우가 있는데, 이는 노인의 특징을 상징적으로 묘사한 것이다. 일반적으로 노인이 되면, 신체 기관이 위축되어 두개골의 두정골 주위가 함몰되고 두정점(頭頂點)이 상대적으로 돌출하여 머리가 뾰족한 모양이 된다. 신선도에서 노인 머리가 길쭉하고 뾰족하게 묘사되는 이유가 여기에 있다. 또한 머리 윗부분이 높은 신선은 현자(賢者) 혹은 지자(智者)를 상징한다. 이는 공자(孔子)가 짱구 머리였다는 것과도 관련이 있다.

한편 몸에 비해 신선 얼굴이 크게 그려지는 것은 위엄을 나타내기 위함이다. 일반적으로 얼굴이 크면 몸집이 큰 것처럼 보이는데, 그런 착시 현상을 노린 것이다. 그리고 신선의 큰 귀는 귀인(貴人)이나 호걸(豪傑)임을 나타내며 장수와 부귀를 뜻한다. 중국 고서 『열선전(列仙傳)』에서는 큰 귀를 신선의 공통된 조건이라 설명하고 있고, 민화에서도 신선의 귀는 이마에서 턱 가까이까지 길게 그려져 있다.

신선이 되는 방법에는 여러 가지가 전해지는데, 선식(仙食)과 환약(丸藥)이 그중 하나다. 선식, 즉 신선이 먹는 대표적 음식은 솔잎이다. 언제나 푸르른 솔잎처럼 영원히 늙지 않으리라는 믿음이 반영된 것이다.

이에 비해 환약은 질병을 치료해 주는 약의 기능이 확대된 것이다. 수명을 연장시킬 수 있다고 믿은 것이다. 그 유래는 고대 중국의 달나라 옥토끼 신화로 거슬러 올라간다. 영원한 장수를 지상 과제로 삼았던 도교주의자들은 달 표면에 보이는 얼룩무늬를 보며 달 속에 살고 있는 토끼가 불로장생약에 쓰일 약을 찧고 있는 것이라고 주장했다. 하여 신선을 추구했던 사람들은 저마다 환약을 만들려고 애썼으며, 이러한 생각은 훗날 한의사들이 만든 환약에 대한 굳건한 믿음의 바탕이 되었다. 오늘날 사람들이 환약을 먹으면서 약 이상의 치료 효과를 기대하는 것도 이 때문이다. 신선은 지금도 여전히 살아 있는 셈이다.

역성혁명을 꿈꾼
이자겸의 반란

1122년 예종이 재위 17년 만에 승하하자 맏아들 왕해(王楷)가 13세 나이로 고려의 제17대 국왕이 되었다. 이로써 **이자겸**(李資謙, ?~1126)[1]의 시대가 열렸다. 왜냐하면 **인종**(仁宗, 1109~1148)[2]은 이자겸의 외손자로서 외할아버지 댁에서 보호를 받으며 자란 데다 이자겸의 보필에 힘입어 왕위에 올랐기 때문이다. 어린 인종은 스스로 판단하기 어려운 나이여서 여러 여건상 외할아버지의 말을 거역할 수 없었다.

이자겸은 우선 눈에 거슬리는 정적들부터 숙청했다. 역모 사건을 꾸몄다는 죄를 만들어 왕보(예종의 아우)와 한안인, 문공미 등을 멀리 유배를 보내 종실 세력과 지방 출신 관료 세력을 한꺼번에 몰아내었다. 이와 함께 요직을

---

[1] **이자겸** : 고려 시대의 문신이며 척신(戚臣). 둘째 딸이 예종의 비가 된 후 익성공신(翼聖功臣)이 되었다. 예종이 승하하자, 그 아들 인종을 즉위시키고, 셋째와 넷째 딸을 비로 삼게 하여 외척으로 권세와 부귀를 누렸다. 매관매직 등의 부정 축재를 일삼았다. 훗날 동지였던 척준경에게 쫓겨나 귀양 가서 죽었다.

[2] **인종** : 고려의 제17대 왕(재위 1122~1146). 제16대 왕 예종의 맏아들. 선왕이 죽자 이자겸에게 옹립되어 왕위에 올랐다. 이자겸의 난을 평정했고, 서경에서 묘청이 난을 일으키자 김부식을 시켜 이를 평정하였다. 음률과 서화에 능했고, 김부식에게 『삼국사기』를 편찬하게 하였다.

차지한 이자겸은 문신과 무신의 인사권을 장악하여 자기 아들들과 측근들을 핵심 보직에 앉혔다. 이로써 고려 사회 특유의 귀족 관료들 간의 견제와 균형이 무너졌고 왕권은 급속히 약화되었다. 왕권이 안정되기를 바랐던 예종이 알면 통탄할 일이었다. 하지만 아무도 이자겸을 말릴 수 없었다.

권력의 중심에는 항상 불나방이 꾀어들고, 권력자가 스스로 권력을 자제하지 못하면 이성을 상실하고 만다. 이자겸이 그랬다. 아첨꾼들이 이자겸에게 왕처럼 행동하라고 부추기자 이자겸은 정말 그렇게 행동했다.

"내가 조서(詔書: 임금 명령을 적은 문서)를 받기 위해 굳이 궁궐 안까지 들어가야 하나?"

그 기세에 눌려 국왕이 건덕전 문밖으로 직접 나가는 일까지 벌어졌다. 신하가 임금을 배알하는 게 아니라 임금이 문밖까지 나가 신하를 마중했던 것이다. 왕조 시대에 있을 수 없는 일이었지만 인종에게는 참고 행할 수밖에 없는 현실이었다. 여기서 그치지 않고 이자겸은 자신의 셋째 딸과 넷째 딸을 차례로 왕과 결혼시켜 왕비로 삼게 했다.

"만약을 대비해서 더욱 확실히 옭아매야 해."

혹시라도 다른 외척이 등장할까 봐 그렇게 한 것이었다. 외손자를 사위로 산은 꼴이었다. 당시에는 왕족 근친혼이 흔했지만, 조카와 이모의 혼인은 사회적 금기였다. 그럼에도 이자겸은 뭐든 자기 마음대로 했으며 한편으로 벼슬을 팔아서 막대한 재산을 모았다. 집에는 인사 청탁하러 온 사람들이 줄을 섰고 창고에는 켜켜이 쌓인 채 썩어 가는 고기 냄새가 진동했다.

"나는 국공(國公)이니, 나의 집을 의친궁(懿親宮)이라고 부르라!"

이자겸은 자신의 신분을 왕태자와 동등하게 보았으며 자기 생일은 인수절

(仁壽節)이라 칭하게 했다. 인수절은 국왕의 탄신일을 가리키는 말이니 이자겸의 위세는 그야말로 하늘 높은 줄 몰랐다.

'아, 도저히 참기 힘들도다!'

인종은 인간으로서의 예절을 중시하는 어진 성품이었지만 이자겸의 행패만큼은 두고 보기 힘들어했다. 그것을 눈치챈 몇몇 신하들이 이자겸 제거에 나섰다. 김찬, 안보린, 최탁, 오탁, 권수 등은 가장 먼저 이자겸의 후원 세력인 **척준경**(拓俊京, ?~1144)[3] 일파 소탕에 나섰고, 척준신(척준경의 동생)과 척순(척준경의 아들) 등을 죽이는 데 성공했다.

그렇지만 거사는 결국 실패로 끝났다. 친위 쿠데타 세력 중 한 명인 학문이 변심하여 이자겸에게 그 사실을 밀고했기 때문이다. 이자겸과 척준경은 즉각 대응에 나섰으며 척준경은 궁궐에 불을 지른 다음 궐 밖으로 뛰쳐나오는 친위 쿠데타 세력들을 처치했다. 이른바 '이자겸의 난'이 벌어졌던 것이다. 인종은 크게 놀라며 좌절에 빠졌다.

이 사건 후 인종은 더욱 궁지에 몰려 이자겸에게 왕위를 아예 내주는 처지가 되었다.

"과인은 **옥새**(玉璽)*를 이 공에게 넘기려 하오."

인종은 어쩔 수 없이 어느 날 여러 신하들이 모인 자리에서 이 같은 뜻을 밝혔다. 즉 왕위를 포기하겠다는 선포였다. 이자겸은 속으로 쾌재를 불렀지만 겉으로는 기쁜 기색을 감추느라 애를 썼다. 바야흐로 고려 왕조가 왕씨에서 이씨로 넘어가는 역성혁명(易姓革命)이 이루어지려는 순간이었다. 그런데

---

❸ **척준경** : 고려 시대의 무신. 여진을 정벌하는 데 공을 세웠다. 나중에 이자겸과 함께 난을 일으켰다. 그러나 이자겸과 사이가 나빠지자 왕의 설득으로 이자겸을 제거하였다. 이후 권세를 부리다가 정지상 등에게 축출되었다.

이때 이수(李壽)가 재빠르게 이자겸 곁으로 다가가서는 그 손을 잡고 이렇게 말했다.

"비록 주상의 조서가 있으나 공은 원래 충성스런 분이니 상감께서 그리 말씀하신다고 해도 받아들이진 않을 겁니다, 그렇지요?"

이자겸과 육촌 형제 사이면서 훨씬 양심적인 이수가 이렇듯 선수를 치자, 뻔뻔하게 옥새를 받기는 곤란해졌다. 따라서 이자겸은 당연하다는 듯이 말했다.

"이를 말씀이오? 상감이 계신데 늙은 신하가 감히 그런 무엄한 일을 하겠소이까?"

이자겸은 방금 전에 받은 옥새를 돌려주면서 억지 눈물을 짜내며 말했다.

"폐하께서는 그런 말씀 마시고 오직 이 나라 정사에만 힘써 주소서!"

옥새 양도 미수 사건은 인종으로서는 한 고비 넘긴 일이었으나 이자겸에게는 정권 탈취의 야망을 부채질하는 계기가 되었다. 잡았다 놓친 고기는 시간이 지날수록 커 보이는 법이다. 이자겸은 인종이 옥새를 내줄 때 되돌려준 일을 후회하며 분을 삭이지 못하고 아예 왕을 죽이고 왕위에 오르려는 계획을 세웠다.

"이대로 가면 왕족이나 다른 놈들이 뭉쳐서 내게 대들 가능성이 높아. 살아 있는 왕을 쫓아내는 건 말썽이 생기겠지만 왕이 죽어 버린다면 아무도 무슨 말을 못 하겠지. 빨리 서둘러야겠어."

이자겸은 이 음모에 넷째 딸을 이용하기로 마음먹었다. 인종의 이모이자 부인인 넷째 딸은 나이가 어린 데다 성품이 다정해서 인종과 잘 지냈기 때문이다. 어느 날 이자겸은 독이 든 떡을 정성스럽게 포장한 다음 넷째 딸에게 주면서 속마음을 감춘 채 이렇게 당부했다.

"상감을 위해 만든 떡이니 얼른 갖다 드리도록 해라."

"네, 아버님."

이자겸은 그래도 마음이 안 놓였는지 다시금 같은 말을 강조했다.

"귀한 재료를 넣어 만들었으니 다른 사람은 손대지 못하게 하고 오직 상감만 드시도록 해야 하느니라."

"네, 그렇게 하겠사옵니다."

그렇지만 이자겸의 거듭된 부탁은 왕비로 하여금 오히려 의심이 들게 만들었다.

'아버님은 상감을 해치려고까지 한 분인데 무슨 일로 정성스럽게 떡을 만드셨을까? 혹시……!'

왕비는 비록 정략결혼을 했을지언정 왕에게 애정을 갖고 있었고, 인종으로부터 남다른 사랑도 받고 있었다. 왕비는 걸어가면서 어찌해야 할지 고민에 빠졌다.

'떡에 해로운 뭔가가 들어 있는 게 아닐까? 어떡하지? 상감에게 그냥 드리자니 불안하고, 중간에서 없애 버리면 아버님이 크게 화낼 게 분명한데…….'

잠시 후 왕비는 떡 쟁반을 들고 왕의 침실로 들어갔다. 인종은 인자한 표정으로 떡을 집어 먹으려 했다. 그 순간 왕비가 기지를 발휘하며 말했다.

"잠깐만 멈추소서. 떡에서 냄새가 나는 듯싶으니 상했는지 한번 확인해 봐야겠사옵니다."

왕비는 마침 뜰아래 모여 있는 새들에게 떡 한 개를 던졌다. 새들은 그 떡을 쪼아 먹었고 잠시 후 바르르 몸을 떨더니 죽었다.

'헉! 독이 들어 있구나.'

인종과 왕비는 동시에 놀라면서 다른 반응을 나타냈다. 인종은 가슴을 쓸어내리며 안도의 한숨을 쉬었고, 왕비는 너무 기막힌 계략에 눈물을 쏟아 내며 울었다. 인종은 그런 왕비를 바라보며 아무 말도 하지 못했다.

잠시 후 왕비는 마음을 추스르고 왕의 침실을 빠져나왔다. 초조히 기다리던 이자겸은 왕비에게 물었다.

"상감께서 그 떡을 드셨느냐?"

"……."

"상감께서 그 떡을 드셨냐고 물었다."

"안 드셨습니다."

"아니 왜?"

"떡을 하나 집으셨다가 이상한 냄새가 난다 하시면서 창밖으로 던져 버리셨사옵니다."

"뭣이라고? 창밖으로 던져 버렸다고?"

이자겸은 기대 밖의 일에 크게 실망하며 따지듯 왕비에게 물었다.

"네가 무슨 수작을 한 건 아니고?"

"상한 떡을 어찌 드실 수 있겠사옵니까? 그런데 아버님, 상감께서 그 떡을 꼭 드셔야 할 이유가 있는 것이옵니까? 왜 그리 언짢아하시옵니까?"

왕비의 침착한 질문에, 이자겸은 지은 죄가 있는지라 입을 다물 수밖에 없었다. 그는 왕궁을 물러나오면서 다른 음모를 생각했다.

'딸년이 애비보다 왕을 더 생각하는 모양이구나. 그렇다면…….'

며칠 후 이자겸은 독이 든 한약을 보약이라고 속이며 왕비에게 건네주었다.

"상감 건강이 많이 나빠진 듯싶어 보약을 가져왔으니 이번에는 꼭 드시게 하여라."

"보약이라고요? 이미 제가 잘 챙겨 드리고 있습니다."

"이건 쉽게 구할 수 없는 귀한 약재로 달였으니 반드시 드려야 하니라."

"……알겠사옵니다."

왕비는 한약을 들고 왕에게 걸어가면서 흘끔 뒤돌아보았다. 그랬더니 이자겸이 먼발치에서 따라오며 감시의 눈길을 보내고 있었다.

'아버님이 지켜본다면 말을 지어낼 수는 없겠구나. 흠, 그렇다면 어떻게 해야 하나?'

왕비는 어느덧 왕이 있는 방문 앞까지 이르렀다. 그때 문득 기발한 생각이 떠올랐다. 왕비는 방문 문지방에 걸린 것처럼 넘어지면서 약사발을 엎어 버렸다.

"귀한 걸 엎지르다니…… 송구하옵니다."

"아니 난 괜찮소. 어디 다치신 데 없소이까?"

왕과 왕비가 이런 대화를 나눌 때, 그 광경을 지켜본 이자겸은 탄식하며 중얼거렸다.

"저년이 일부러 약을 쏟았구나. 어이쿠, 속 터져."

이자겸은 독살 계획을 포기했다. 더 시도했다가는 시해 모략이 들통 나고 반역의 의심을 살 가능성이 높다고 판단했기 때문이다. 공교롭게도 이후 이자겸의 권세도 서서히 무너졌는데, 그 계기는 이지언(이자겸의 아들)의 종과 척준경의 종 사이에 일어난 말다툼 때문이었다.

"어찌 네가 나를 욕하느냐. 너의 주인이 지난날 궁궐을 불태웠으니 죽어 마땅하며 너도 관노가 될 것이다!"

이지언의 종이 척준경의 종에게 모욕을 주자, 그 이야기를 전해 들은 척준경은 분노하여 고향에 내려가 틀어박혀 지냈다.

호시탐탐 반격의 기회를 노리던 인종은 때를 놓치지 않았다. 인종은 척준경에게 좋은 말과 안장을 하사하면서 충성심을 유도했고, 척준경은 '적의 적은 동지'라는 심정으로 인종에게 충성을 다짐했다. 내의 최사전(崔思全)은 인종의 밀명에 따라 이자겸과 척준경 사이를 떼어 놓는 데 크게 공헌했다. 얼마 지나지 않아 인종은 척준경에게 밀지를 보냈고, 척준경은 즉시 친위 쿠데타를 일으켜 이자겸을 가두고 이자겸의 부하들을 처형했다.

인종은 이자겸을 전라도 영광으로 귀양 보냈고, 이자겸은 그곳에서 **영광조기**˚˚가 맛있어서 잘 먹고 잘 지낸다며 여유를 부렸지만 7개월 만인 1126년(인종 4)에 삶을 마쳤다.

한편 신하들은 왕비 이씨(이자겸의 넷째 딸)도 역적의 딸이라 하여 폐출(벼슬을 떼고 궁궐에서 내쫓음)할 것을 진언했다. 이에 인종은 마지못해 폐비에는 동의했으나, 복완지공(覆椀之功: 독약 사발을 엎지른 공로)을 생각하여 집과 밭과 노비를 하사하는 등 뒤를 매우 따뜻하게 돌봐 주었다고 한다.

• 옥새의 유래

고대 통치자의 인장을 '璽(천자의 도장 새)'라고 칭한 사람은 진시황이다. 기원전 221년 최초로 중국 대륙을 통일한 진시황은 황제 인장을 옥(玉)으로 만들어 '새(璽)'라 부르고 그 외 신하들 것은 모두 동인(銅印)으로 정했는데, 여기서부터 중국 인장 제도가 시작되었다.

진시황은 새에 특별한 상징을 담아 황제가 하늘 혹은 도가의 신령들과 관계 있음을 나타내고자 했다. 수명어천기수영창(受命於天旣壽永昌: 하늘에서 명을 받았으니 그 수명이 영원히 번창하라) 여덟 자를 비상체(飛翔體)로 새긴 게 그것이다. 비상체는 여러 마리 새가 날아가는 모습을 단순화시킨 모양으로 하늘과의 소통을 의미한다.

'새'는 옥(玉)으로 만들었기 때문에 흔히 '옥새(玉璽)'라고 불렸다. 황제의 인장을 '새보(璽寶)'라고도 칭했는데, 이는 당나라 측천무후부터의 일이다. 측천무후는 중국어로 '璽(도장 새)'의 발음이 '死(죽을 사)'와 비슷하다 하여 '寶(보배 보)'로 바꾸었기 때문이다. 이후 황제의 옥새는 '寶(보)'로 불리게 되었다. 역사적으로 보면 '새'는 정식 인장을 가리키는 반면에 '보'는 황제의 인장 전체를 포괄적으로 가리키는 말이다.

우리나라에서도 옥새는 국왕의 권위를 상징하는 인장이었다. 하여 옥새는 사대교린 문서나 왕명으로 이루어지는 국내외 문서에 쓰였으며, 왕위 계승 때에는 왕의 정통성을 나타냈다. 『삼국사기』에 따르면 "신라는 국왕이 바뀔 때마다 명당에 앉아 국새를 손수 전했다."라고 하며, 고려 때는 인부랑(印符郎)이 있어 왕의 인장을 관장했다. 조선 시대 옥새는 중국에 보내는 문건 이외의 다른 데 쓰지 않았다. 그 외의 교서나 교지에는 시명지보(施命之寶)란 인장을 썼고, 신하들에게 서책을 줄 때에는 동문지보(同文之寶), 물품을 줄 때에는 선사지보(宣賜之寶), 과거 합격 증서인 홍패나 백패에는 과거지보(科擧之寶)를 썼다. 이런 모든 인장을 통틀어 어보(御寶)란 말로 부른다. 옥새는 일명 대보(大寶)라고도 한다.

예부터 전남 영광에서는 바닷바람을 이용해 조기(助氣)를 말려서 즐겨 먹었다. 이름에서 짐작할 수 있듯 '기운(氣運)을 내게끔 도와주는[助] 물고기'로서 으뜸 영양식이었다. 고려의 이자겸은 정주(靜州: 지금의 영광) 법성포로 귀양 왔을 때 소금에 절여 해풍에 말린 조기 맛에 감탄했다. 그는 말린 조기를 정성껏 포장한 다음 정주굴비(靜州屈非)라고 써서 임금에게 보냈는데, 그 의미는 '정주에서도 굽히지 않음'이었다. 다시 말해 자신을 용서해 달라고 비는 게 아니라 백성의 도리를 다하고자 보내는 것일 뿐이라는 나름 당당한 진상품이었던 것이다. 해석하기에 따라서는 말린 조기를 맛나게 먹으며 여유롭게 살고 있다는 전갈이기도 했다. 인종이 그 정주굴비를 먹었는지 여부는 알 수 없으나 이때부터 말린 조기를 '굴비'라고 부르게 되었다.

용의 침 사건과
묘청의 서경 천도

1132년(인종 10) 2월, 인종은 묘청(妙淸 ?~1135)의 요청에 따라 서경(西京: 지금의 평양)으로 행차했다. 묘청은 왕의 뒤를 따르면서 머지않아 서경이 고려의 도읍이 되는 세상을 꿈꾸었다. 그런데 기대에 부푼 상상도 잠시, 갑자기 먹구름이 몰려들더니 거센 바람이 불고 폭우가 내렸다.

"우르릉, 쾅!"

난데없는 천둥과 벼락에 말들은 놀라 날뛰고 사람들은 허둥지둥 어찌할 바를 몰랐다. 심한 폭풍우로 인해 여러 사람이 죽거나 다쳤고 왕을 비롯한 신하들은 말 못할 고초를 겪었다. 이에 관료들은 묘청에게 따가운 눈총을 보내면서 수군거렸다.

"도대체 왜 자꾸 서경에 가자는 거야?"

"어느 한 놈 때문에 많은 사람이 생고생이잖아."

묘청은 그런 이야기를 직접 듣지 못했지만 마음은 바늘방석에 앉은 기분이었다. 임금의 나들이가 순조로워야 뭐든 좋게 풀이할 텐데 그와 반대로 그야말로 최악의 날씨였기 때문이었다.

어찌 됐거나 일행은 서경에 도착했고 그때쯤 뒤늦게나마 날씨가 맑아졌다. 묘청은 국왕의 기분을 전환시키고자 뱃놀이를 제안했고 인종은 흔쾌히 응했다. 대동강의 경치는 아름다웠고, 뱃놀이를 즐기는 가운데 인종의 기분이 조금 풀렸다. 그때였다. 묘청이 대동강의 한 부분을 가리키며 말했다.

"아니, 저게 뭐지?"

그 말에 따라 사람들 시선이 그리로 쏠렸고 묘청은 기다렸다는 듯이 이어 말했다.

"이는 참으로 복되고 길한 징조입니다."

인종이 무슨 뜻인가 싶어 쳐다보자 묘청이 말했다.

"강 위를 보십시오. 오색이 영롱하지 않습니까? 이것은 신룡이 침을 떨어뜨린 것입니다."

"신룡이라고?"

"그렇습니다. 신묘한 용의 침이 물에 떨어지면 저기 보이는 것처럼 오색구름이 물 위에 뜬다고 합니다. 이런 현상은 천 년에 한 번 있기도 힘든 상서로운 일입니다."

"……"

인종이 반신반의하는 표정을 짓자 묘청은 더욱 진지한 자세로 말했다.

"이는 상감마마의 성덕을 칭송하는 것이며 아울러 서경으로 천도(遷都)해야 함을 보이는 것이옵니다."

묘청이 이처럼 분위기를 잡자 50여 명이 인종에게 경사스러운 일을 축하하며 진언했다.

"왕께서 위로는 천심에 답하고 아래로 인심에 따르면 금(金)나라를 제압할 수 있을 것입니다."

인종은 말없이 듣기만 했다. 오히려 의문을 품었다.

'예부터 용의 이야기는 많았으나 용의 침 이야기는 들은 바 없는데……'

신중한 성격의 인종은 문공인과 이준양에게 용의 침에 대해 알아보라는 지시를 내렸다. 문공인 등은 기름 파는 일을 업으로 삼는 자를 통해 그 비밀을 알아내어 보고했다.

"끓는 기름이 물에 뜨면 영롱한 오색을 나타낸다고 하옵니다."

"기름이라고? 강 속에 무슨 기름이 있단 말인가? 강 속에 들어갈 수 있는 자를 구하여 더 자세히 알아보도록 하라."

하여 잠수 잘하는 사람을 찾아 강 속을 뒤지게 하였더니 큰 떡이 나왔다. 이로써 기묘한 현상의 실체가 밝혀졌다. 누군가 큰 떡을 만든 다음 그 속에 뜨거운 기름을 가득 채우고 작은 구멍을 뚫어 강물 속에 던져 넣었던 것이다. 가라앉은 떡에서 조금씩 기름이 빠져나와 물 위로 뜨면서 오색영롱한 물빛을 만들어 낸 것이니, 이른바 '용의 침'은 속임수였음이 명백했다. 이로써 묘청 일파의 정치적 위신은 크게 떨어졌고 조정에서는 이들을 엄벌해야 한다는 목소리가 커졌다. 하지만 인종은 묘청에 대한 숙청 요구를 받아들이지 않았다. 여전히 그를 믿었기 때문이다.

왜 인종은 묘청을 그렇게 신임했고, 왜 묘청은 '용의 침'이라는 무리한 술수까지 부렸던 것일까?

묘청이 언제 어디서 태어났는지는 아무도 모른다. 그가 서경의 승려였고 후에 법명을 정심(淨心)으로 개명했다는 사실만 전할 뿐이다. 묘청은 승려이면서도 도교에도 심취했고 **풍수지리(風水地理)**˙와 **도참(圖讖)**˙˙에 능했다.

"무릇 땅에는 지기가 있으니 그에 호응하여야 세상이 순조롭다."

서경의 일관(日官: 하늘을 살펴 인간의 길흉을 살피는 관원)이었던 백수한은 그를 스승으로 모셨다. 그들은 개경의 땅 기운이 다했으므로 왕기(王氣)가 가득한 서경으로 도읍을 옮겨야 한다고 주장했다. 서경 사람인 정지상도 그들의 말에 동조했다.

묘청이 세상에 모습을 드러냈을 당시 고려는 내우외환에 시달리고 있었다. 밖에서는 금나라가 침공 위협을 가하고 안에서는 왕권과 지방 권력 사이에 정치적 알력이 끊이지 않았다.

그 무렵 개경과 서경은 고려에서 가장 중요한 양대 도시였다. 개경은 고려의 도읍지이고, 서경은 건국 초기부터 태조가 고구려의 정신이 깃든 곳이라 하여 중요시했다. 고려라는 국호를 감안하면 서경은 개경보다 더 정치적 상징성이 강했다.

그러나 제4대 왕 광종 이후 개경 귀족 세력이 조정을 장악했다. 자연히 서경 세력은 불만을 품었으며 묘청과 정지상 등은 도참설을 앞세워 인종에게 다가가려 했다. 이자겸의 난으로 크게 고생한 후 기댈 곳을 찾던 인종은 그들의 손을 기꺼이 잡았다.

묘청과 인종을 연결한 사람은 정지상이었다. 그는 과거에 합격하여 임금을 보필하면서 신임을 받고 있었는데 묘청을 '성인'이라 일컬으며 임금에게 소개했다. 인종은 묘청을 만난 뒤 범상치 않음을 느끼고 고문으로 두고 조언을 구했다. 때마침 풍수지리설이 한창이어서 묘청은 인종에게 말했다.

"이자겸의 난으로 궁궐마저 불타 버린 상황이라 개경은 기운이 다하였습니다. 나라의 부흥을 위해서는 서경으로 도읍을 옮겨야 합니다."

그렇지만 인종은 처음에 천도 자체에는 부정적이었다. 엄청난 자금이 필요할 뿐만 아니라 여러모로 모험을 각오해야 했기 때문이다. 묘청은 일단 국왕에게 서경을 살펴보게끔 유도했고, 인종은 서경에 행차해 마침내 열다섯 항목의 유신정령을 반포했다. 묘청, 백수한, 정지상 등이 왕에게 요청하여 선포된 교서의 내용은 대략 이러했다.

지방수령의 부정을 고칠 것, 의복 및 수레 제도를 간소화할 것, 법이 정한 공물과 조세 이외에 수탈하지 말 것, 곡식을 강요해서 빌려 주고 이자를 받는 짓이나 썩은 쌀을 백성에게 주지 말 것 등등. 풍수지리에 관한 것은 한 개

항뿐이고 관리들의 비리 척결이나 훌륭한 인재 선발에 관한 것이 네 개 항 그리고 나머지 열 개 항은 모두 백성의 생활 개선과 관련된 것들이었다.

이 교서가 발표된 후 묘청 등은 적극적으로 서경 천도 운동을 전개했다. 묘청은 내시낭중 김안과 모의하여 여론을 주도했다. 그 일환으로 홍이서, 이중부, 문공인, 임경청 등이 서경 천도에 찬동하는 상소문을 올렸다. 묘청은 천도를 강력히 주장했다.

"서경 땅에 궁궐을 세우면 천하를 합병할 수 있고 금나라가 방물을 바치고 항복할 것이며, 삼십육 방 주변국들까지 우리에게 조공할 것입니다."

마침내 인종은 서경에 궁궐 짓는 것을 허락했고, 1128년(인종 6) 11월부터 이듬해 2월까지 서경 임원역지(林原驛址)에 대화궁(大花宮)이 완공되었다. 모든 일이 순조롭게 진행되는 듯했다. 서경 천도로 어느 정도 마음을 기울인 인종은 왕궁 완성에 맞춰 서경에 행차했는데, 이때 서경파 관리들이 표문을 올렸다.

"우리 스스로 황제라고 칭하고, 독자적인 연호를 제정해야 하옵니다."

그러나 여전히 정국 주도권을 쥐고 있는 개경파 관리들은 불가능한 일이라 비판했고 인종도 듣지 않았다. 개경 귀족들에게 서경 천도는 절대로 받아들일 수 없는 일이었기에 필사적으로 저항했다. 만약 도읍을 옮긴다면 자신들의 권력 기반이 하루아침에 무너지는 것은 자명한 일이었기 때문이다.

묘청에게는 운이 따르지 않았다. 대화궁을 짓는 과정에서 서경에 지진이 일어나고 궁궐에 벼락까지 치는 일이 일어났다. 묘청은 적당히 둘러댔지만 불운한 현상은 거기서 그치지 않았다. 인종이 서경에 행차할 때마다 홍수, 가뭄, 폭풍우, 우박, 낙뢰 등의 재변이 꼬리를 물고 일어났던 것이다. 앞에서 말했던 인종 행차 때의 폭풍우와 벼락도 그중 하나였다. 심지어 임금이 대동강에서 뱃놀이를 할 때 갑자기 폭풍이 불어서 황급히 피하는 소동까지 있었다. 거기에 '용의 침 사건'이 조작임이 밝혀지자 인종은 점차 묘청 일파의 풍수지리설을 의심하게 되었다.

이러한 기상 변동은 상징 조작에 능했던 묘청으로서도 어쩔 수 없는 천재(天災)였다. 초조한 나머지 '용의 침'을 꾸며 임금의 결정을 확정지으려 했으나 오히려 개혁 의지를 의심받는 처지에 이르고 말았다.

인종은 부패한 관리들에 실망해 묘청 일파의 개혁적인 조치에 크게 공감했고, 서경 천도에도 동의했다. 그러나 당시 너무 많은 천재지변이 발생했고 '하늘의 기상 변화'를 '하늘의 뜻'으로 여기는 정서 때문에 신뢰를 거두고 말았다. 『고려사』의 기록에 따르면 인종 치세에 폭우 등 자연재해가 마흔두 차례나 일어났는데 이는 우리나라 역사상 특정 왕의 재위 기간 동안 가장 많은 자연재해가 일어난 것이라고 한다.

"요승이 요망한 말로 나라를 어지럽혔으니 마땅히 목을 베어야 합니다."

개경파 관리들의 끊임없는 상소도 인종에게는 큰 부담으로 작용했다. 결국 인종은 서경 천도를 포기했다.

그러자 묘청 일파는 반란을 일으켰다. 1135년(인종 13) 묘청은 서경 주변의 군마를 징집하고 서북면 안에 있는 모든 고을의 군대를 서경에 모은 다음, 국호를 대위(大爲), 연호를 천개(天開)라 하고 또 그들의 군대를 천견충의군(天遣忠義軍)이라 했다.

사태가 이렇게 되자 중앙 정부에서는 즉각 서경 세력 제거에 나섰다.

"서경 놈들을 모두 죽여라!"

당시 개경에 있던 정지상을 비롯한 서경 출신 관리들은 반란죄 명목으로 처형되었다. 이어 조정에서는 김부식을 우두머리로 한 토벌군을 편성하여 반란군 진압에 나섰다. 정부군은 서경을 직접 공격하지 않고 주변 지역을 포위하는 고립 전략을 썼다. 김부식은 서경에 여러 차례 사람을 보내 항복을 권유했다.

“아무래도 힘들겠구나.”

정부군의 포위망이 점점 좁혀지자 묘청의 뜻에 동조하여 반군에 가담했던 조광(趙匡)과 유참(柳旵)은 자신감을 잃고 갈등에 빠졌다.

“묘청의 목을 바치니 살려 주소서.”

조광은 기습적으로 묘청의 목을 벤 다음 유참을 고려 조정에 보내 항복하겠다는 뜻을 전하고 죄를 용서해 달라고 빌었다. 그러나 조정에서는 그 제안을 거절하고 유참을 옥에 가두었다. 이 사실을 안 조광은 끝까지 맞서 싸우기로 결심하여 결사적인 항전으로 응했다. 하지만 시간은 반란군 편이 아니었다. 평양성에서 포위 당한 병졸들은 식량이 부족하여 사기가 크게 떨어졌다. 그렇게 1년이 흘러 1136년 2월 결국 성은 무너지고 조광은 스스로 목숨을 끊었다. 이리하여 묘청의 서경 천도 시도는 허무하게 끝나고 말았다.

고려와 조선의 조정은 묘청을 요승이라 평가 절하했지만 사학자 **신채호**(申采浩, 1880~1936)[1]는 묘청의 서경 천도 운동을 ‘조선역사 천 년 동안 가장 큰 사건’ 이라며 높이 평가했다. 아울러 난이 성공했으면 조선 역사는 훨씬

---

[1] **신채호** : 사학자, 독립운동가, 언론인. 호는 단재(丹齋)이다. 성균관 박사를 거쳐, 「황성신문」 「대한매일신보」 등에서 독립 정신을 북돋우는 글을 썼다. 일제 강점기 아래에서는 독립운동과 국사 연구에 힘쓰다가 일본 경찰에 체포되어 옥사하였다. 지은 책으로는 「조선 상고사」 등이 있다.

진취적이 되었을 것이라며 크게 아쉬워했다. 물론 금나라 정벌은 현실성 없는 탁상공론이라는 비판도 있다. 보병 위주의 고려 군대가 기병 위주의 금나라를 친다는 건 무리라는 말이다.

어쨌든 묘청의 난 이후 고려 사회의 권력 구조는 그 균형이 급격히 무너지고 말았다. 고려 문신 세력의 양대 축이던 서경파가 몰락함에 따라 개경파의 독주가 시작된 것이다. 이는 문신 귀족 사회의 병폐를 낳았고 훗날 무신 정변의 계기가 되었다.

• 풍수지리의 유래와 한국 특유의 비보 사상

오늘날 우리가 말하는 풍수지리는 중국에서 유래한 철학이다. 풍수지리는 흔히 줄여서 풍수(風水)라고 말하는데 '풍수'는 '장풍득수(藏風得水)'의 줄임말이다. '장풍'이란 생기(生氣)가 바람을 만나면 흩어지기 때문에 이를 막는다는 뜻이고, '득수'는 땅속에 수기(水氣)가 있으면 생기(生氣)가 쌓이므로 지상(地上)에 복(福)을 가져오려면 물을 얻어야 한다는 말이다. 이런 맥락에서 풍수지리에서는 '장풍'보다는 '득수'를 더 중요시했다.

풍수지리는 인간이 일찍부터 자연 속에서 삶을 영위하기 위해 터득한 지혜에 근본을 두고 있다. 특히 농경을 시작한 후부터 작물 재배와 성장에 관계되는 땅의 성격과 분포 차이를 기(氣)의 차이로 이해하면서 풍수지리는 이론적 토대를 이루었다. 즉 사람 몸에 흐르는 핏줄(혹은 혈기)처럼 땅에도 길이 있다는 것이다.

풍수를 보는 습속은 중국의 전국 시대에 연나라, 제나라의 방사(方士)들로부터 비롯되었다. 이후 한나라 때 널리 퍼졌으며 사회에는 미신 사상까지 생겼다. 풍수를 보는 것은 폐단이 아주 많으므로 당나라 시기에는 금지되었으나, 송대에 이르러 부활하여 더욱 기승을 부렸고 명, 청 시기에는 황제로부터 백성에 이르기까지 풍수에 지대한 관심을 보였다.

현존하는 가장 오래된 풍수지리서는 동진(東晉)의 곽박(郭璞)이 지은 『금양경(錦襄經)』이다. 중국인들은 오늘날에도 풍수를 신봉하고 있어서 건물을 지을 때 풍수가 역할이 건축가 못지않은 경우가 많다. 1990년 9월 대만 타이베이에 세워진 그랜드하얏트 호텔은 풍수 사상을 살린 건축이라 해서 타이베이 시민 사이에서 화제를 모았다. 홍콩에서는 홍콩 하이 은행의 47층짜리 빌딩이 '풍수 논쟁'을 불러일으키기도 했다. 설계 단계에서부터 저명한 풍수 전문가가 달라붙어 갖가지 건축 자문을 해 주었기 때문이다.

우리나라에 풍수 사상이 유입된 것은 삼국 시대이며, 중국과는 다른 우리의 독자적 풍수서가 저작되었다. 한반도 풍수지리의 이론적 토대를 마련한 사람은 통일신라 말기의 승려 도선(道詵)이다. 도선이 주창한 '비보 사상(裨補思想)'은 중국과 다른 한반도 풍수지리의 특성으로 평가받고 있다.

'비보'란 '裨(도울 비)', '補(더할 보)'라는 문자 그대로 '돕는다'는 뜻이다. 주어진 지기(地氣:

땅기운)에 의지해서 사는 것에 그치지 않고 나무를 심거나 사찰과 탑 등의 입지(立地)를 통해 적극적으로 지기를 인간의 삶과 조화되도록 하는 것을 의미한다. 고려 시대에는 비보 문제를 전담하는 관청인 산천비보도감(山川裨補都監)이 만들어지기도 했다.

조선 시대의 풍수지리는 한양에 도읍을 정하면서 시작되었다. 태조는 왕조의 정통성 문제를 민중의 사고 속에 깊이 뿌리내린 풍수지리를 이용해 정면 돌파했다. 즉 지기가 왕성한 한양에 새로운 나라를 세워 도탄에 빠진 백성에게 앞날에 대한 기대를 심어 주어 신생 왕조의 안정을 도모하려 한 것이다.

그러나 문물이 안정된 성종 이후 개혁적 풍수지리의 사상성은 점차 몰락하고 좋은 터를 골라 가문과 개인의 부와 권력을 탐하는 수단으로 변형되었다. 풍수지리가 현세적 욕망을 충족시켜 주는 터 잡기 잡술로 여겨지게 된 것이다. 19세기를 전후하여 타락한 풍수지리를 비판하고 건강한 지리관을 회복하기 위한 실학자들의 노력이 있었으나, 외세 침략으로 결실을 맺지 못한 채 오늘날에도 저속한 옛 관습을 깨지 못하고 있다.

‥ 도참

 '도참'이란 앞날의 길흉을 예언하는 술법이나 그런 내용을 적은 책을 가리키는 말이다. 왕조 시대에는 대개 국왕의 운명이나 국가 미래를 예언한 기록을 의미했다. '圖(그림 도)'와 '讖(조짐 참)'은 거의 같은 뜻이다. '도'는 그림처럼 그려지는 미래의 일, '참'은 은밀한 말이나 문자로 일러주는 예언이나 암시를 의미한다. 중국 고대의 전설상의 제왕 복희(伏羲) 때 황하에서 용마(龍馬)가 등에 지고 나왔다는 하도(河圖)의 도와 참이 합쳐진 말이라는 설도 있다.

 도참 사상은 진한(秦漢)시대에 천인합일(天人合一) 사상을 바탕으로 하여 금문학(今文學)의 갈래로 탄생한 것으로 여겨진다. '금문'은 한대에 쓰던 문자인 예서(隸書)를 가리키는데 그걸 연구하는 과정에서 미래 예언에 대한 각종 설이 나왔다는 것이다. 시황제도 예언에 남다른 관심을 가졌던 것으로 전해진다.

 도참은 반란이나 혁명을 일으킨 사람들에게 더없이 좋은 이론적 토대로 받아들여졌다. 기존 왕조를 뒤집는 명분으로 도참을 내세우면 민중의 저항을 없애면서 동조를 이끌어 낼 수 있는 까닭이다. 그래서 도참은 정치 운동에 원용되는 일이 많아졌다.

 우리나라에서는 풍수와 연관된 도참이 많았다. 도참설이 부각된 것은 국민에게 사회적, 정치적 영향력을 지니게 되면서부터이다. 『삼국사기』의 『백제본기』에 660년(의자왕 20)에 신라와 백제의 흥망을 예언한 기록이 있으며, 신라 말기에 도참이 본격화되었고 고려 시대에는 풍수도참이 크게 성행했다. 묘청의 서경 천도 운동이 한때나마 호응을 얻은 것은 이런 배경을 바탕으로 하고 있다.

 역성혁명으로 새 왕조를 창업한 조선은 도참의 위력을 잘 알기에 철저히 금기시했다. 한 예를 들면 1417년 태종은 도참서의 유포와 소장을 금지하는 명령을 내리고 각종 도참 서적을 불태워 버렸다. 그렇지만 정치적 격랑이 일어날 때마다 은밀한 도참이 나돌았다. 소선 후기에는 새로운 왕조의 출현을 예언한 『정감록』이 대표적 도참서로 널리 유행했다. 오늘날에도 대통령 선거 때마다 후대 대통령에 대한 도참설이 나오곤 한다.

무비를 사랑하고
풍류를 즐겼던 의종

『고려사절요』 기록에 따르면 고려 제18대 왕 **의종(毅宗, 1127~1173)**[1]은 사치와 오락을 좋아한 임금이었다. 그는 어린 시절부터 학문을 소홀히 하고 놀기를 좋아했으며 특히 **격구(擊毬)**[2]에 몰입했다. '격구'란 '擊(부딪칠 격)', '毬(공 구)'라는 뜻에서 짐작할 수 있듯 공을 쳐서 상대방 구문(毬門)을 통과시키는 운동이다. 고려 시대에는 무예의 한 과목이었기에 상류층 젊은이나 젊은 무관들만 즐겼는데, 의종 때부터 크게 유행했다.

의종은 1146년 나이 20세 때 왕으로 즉위했으나 나랏일을 돌보기보다는 격구와 나들이를 즐겼다. 그러다 행차 때 술 빚는 일을 맡아하던 관노(관청에서 심부름하는 계집종)를 발견하고는 환관에게 말했다.

---

❶ 의종 : 고려의 제18대 왕(재위 1146~1170). 제17대 왕 인종의 맏아들. 문학과 풍류를 즐겼다. 문신을 우대하고 무신을 천대하는 정책을 펼쳤는데, 무신들의 불만이 폭발하여 1170(의종 24)에 무신의 난이 일어났다. 정중부, 이의방 등이 주축이 된 이 난으로 왕위에서 쫓겨났다.

❷ 격구 : 고려·조선 시대에 무예를 익히는 방법으로 하던 놀이이다. 젊은 무관이나 상류층 청년들이 말을 타거나 걸어 다니면서 공채로 공을 치는 방식이다. 원래 페르시아에서 시작하여 당나라를 거쳐 7세기경 우리나라에 전해졌다. 무예의 한 과목으로 인정되어 크게 성행했다.

"저 아이를 내 방으로 데려오너라!"

의종은 그날부터 왕비인 장경왕후를 제쳐 놓고 노비 출신인 무비(無比)에게 푹 빠져 지냈다. '비교(比較)할 사람이 없을(無) 만큼' 아름다웠다는 '무비'는 의종의 사랑을 독차지하며 무려 열두 명의 자식을 낳았다. 이처럼 의종이 무비만을 예뻐하자 희한한 사건이 일어나기도 했다.

"아니, 이게 뭐야?"

의종 14년 9월의 일이다. 왕의 침상 밑에서 닭을 그린 종이가 발견되어 궁궐이 발칵 뒤집혔다.

"누가 왜 닭 그림을 몰래 넣었는지 즉각 범인을 찾아내어라!"

조사 결과 주부 벼슬의 김의보와 내시 윤지원이 저지른 짓으로 드러났다.

"닭 그림을 잠자리 밑에 넣어 두면 마마의 사랑을 받을 수 있다 믿어 그리했다 하옵니다."

주술을 이용하여 사랑의 방향을 돌리려 했다는 것이었다.

보고는 그리되었으나 진실은 알 수 없었다. 왕의 관심을 받으려고 남자들이 그런 짓을 하기에는 어딘지 이상했기 때문이다. 분명 어떤 여인(왕비나 다른 후궁)의 음모가 숨어 있으리라 추측되기도 했지만 이 주술 사건은 김의보의 침형과 윤지원의 무인도 유배로 마무리되었다.

의종이 좋아한 것은 또 있었다. 그건 바로 **정자(亭子)**˚ 나들이였다. 시문(詩文)에 재능이 있었던 의종은 경치 좋은 곳에 정자를 짓고 그곳에서 시를 즐기곤 했다. 아름다운 경치를 바라보고 그 느낌을 시로 짓는 건 풍류였지만 여기에는 문제가 있었다. 정자를 세우느라 많은 돈을 낭비했던 것이다.

"그래. 여기가 참 좋구나!"

의종이 놀기 좋은 곳을 발견하여 이렇게 말하면 즉각 정자 공사가 시작됐고 백성들의 피땀이 희생되었다. 민가가 있더라도 상관하지 않고 그냥 집을 헐어 버렸다. 한 예로 '태평정'을 지을 때는 무려 50여 채를 헐었다. 그뿐만이 아니었다. 정자에는 그 무렵 최신 기술로 구운 청기와**를 올리고 받침대를 옥으로 만들어 호화로움을 한껏 뽐냈다. 정자 주변에는 화초와 과실나무를 심고 기묘한 모양의 돌을 가져다 꾸며 놓았다.

또한 당시의 정자에는 으레 연못이 딸려 있었기에 흙과 돌을 쌓아 물을 막아 저장했다. 이렇게 하여 정자가 완성되면 의종은 연못에 배를 띄우고 사람들로 하여금 뱃노래와 어부 노래를 부르게 하여 흥을 돋우었다. 의종은 이곳저곳으로 옮겨 다니며 정자 나들이를 즐겼다.

의종 재위 24년 동안 만든 정자는 무려 서른두 개였다. 결국엔 공사비가 부족하자 백성들에게 강제 노동을 시켰고, 일꾼으로 동원된 사람들은 자기 먹을 것을 각자 챙겨 와서 먹어야 했다. 사정이 이러하니 굶주린 몸으로 일하다 쓰러져 다치거나 죽는 사람도 생겼다.

중미정(衆美亭)이라는 정자를 지을 때의 일이다. 한 일꾼이 워낙 가난하여 굶기를 밥 먹듯 하며 일했다. 간간히 다른 일꾼들로부터 한 숟가락씩 얻어먹었으나 날마다 그럴 수는 없는 노릇이어 그의 몸은 점점 여위어 갈 수밖에 없었다. 그러던 어느 날 그 일꾼의 아내가 풍성한 음식을 마련하여 일터로 찾아와서 말했다.

"친한 사람을 불러서 함께 드세요."

뜻밖의 일에 놀란 일꾼은 눈을 휘둥그렇게 뜨며 아내에게 물었다.

"이 음식은 웬 거요?"

아내는 대답을 피한 채 다시 말했다.

"배고플 텐데 어서 잡수세요."

"글쎄. 어떻게 이 음식을 구했단 말이오?"

"……."

아내의 눈에는 이슬이 맺혔고, 머리에는 여느 때와 달리 수건이 덮여 있었다. 일꾼은 순간 이상한 생각이 들어 아내 머리 위의 수건을 벗겨 보았다.

"아니, 머리가 왜 이렇소?"

일꾼은 온데간데없이 사라진 아내의 머리털을 보고 물었다. 그때서야 아내는 작은 목소리로 말했다.

"머리털을 잘라 팔아서 먹을 것을 사왔어요. 당신이 쓰러질 것 같아서요."

"……."

일꾼은 아내의 말을 듣고는 마음이 아파서 음식을 먹을 수 없었다. 부부는 서로 손을 마주 잡고 하염없이 흐느껴 울었다.

이처럼 백성에게 고통을 안겨 준 의종은 나중에 정중부의 반란으로 임금 자리에서 내쫓기고 죽임을 당했다.

• 정자는 왜 팔각정이 많을까

우리나라에서 경치가 아름다운 곳에 가 보면 정자(亭子)가 세워져 있는 경우가 많다. 정자란 놀거나 쉬기 위해 경치 좋은 곳에 아담하게 지은 집을 말하며 대개 팔각으로 짓는다. 하여 우리나라의 정자는 모두 '팔각정(八角亭)'이라 부른다. 그런데 왜 정자를 팔각으로 지었을까?

거기에는 두 가지 뜻이 들어 있으니 첫째는 땅의 상징이다.

중국의 『역경(易經)』이란 책에 "하늘은 7이요, 땅은 8"이라는 말이 있다. 예부터 동양에서 숫자 7은 하늘, 8은 땅을 상징했다. 쉽게 말해 땅의 아름다움을 감상하기 위해 산이나 절벽처럼 높은 곳에 땅의 수인 팔각으로 건물을 지은 것이다. 강물이나 바다는 물이긴 하지만 땅 위에 있으므로 그곳 역시 물이 내려다보이는 높은 곳에 팔각정을 지었다. 또한 '관동팔경'이니 '단양팔경'이니 하며 특정 지역에서 아름다운 곳 여덟 군데를 꼽은 이유도 여기에 있다.

또 다른 이유는 불교에서 8이 최고 경지에 다가가기 위한 숫자라는 데 있다. 불교 사상에 따르면 부처의 세계는 동그라미로서, 깨달음을 얻은 자는 머리 뒤에 원이 생긴다. 이것을 광배(光背)라고 하는데, 밝은 빛(깨달음)을 상징한다.

불교에서는 사람의 생각을 사각형으로 여기고, 꾸준히 수행하면 팔각을 거쳐 원이 된다고 가르친다. 다시 말해 팔각은 수행이 완성 단계에 접어든 상태를 나타내는 동시에 완성을 뜻한다. 이처럼 불교의 8이 깨달음으로 가기 위한 완성 상태를 뜻하자 불교를 받아들인 삼국 시대 때 고구려, 백제, 신라는 모두 불교 관련 건축물에 대부분 팔각의 상징을 넣었다. 팔각 석탑이 많은 이유 역시 여기에 있다. 불교를 국교로 삼은 고려 시대에도 팔각 석탑이 많이 세워졌으며, 고려 의종은 곳곳에 둑을 쌓아 물길을 막고 팔각정을 많이 지었다.

그러므로 팔각정은 경치를 감상하면서도 마음의 정화(더러움을 씻어 냄)를 추구했던 조상들의 마음씨를 알려 주는 건축물인 셈이다. 그 혜택을 왕족, 귀족만이 누린 게 문제였지만……

•• 청와대의 유래가 된 청기와

"궁궐 동쪽에 양이정(養怡亭)을 짓고 청자 기와로 지붕을 덮었다."

이는 『고려사』 의종 13년(1159)에 있는 기록이며, 여기서 주목할 단어는 청자 기와[靑瓷瓦]다. 목조 건물을 기와로 덮는 풍습은 고대 동양 건축 특색 중 하나인데 삼국 시대에는 토기 기와를 썼으나 고려 시대, 특히 의종 치세에 이르러 유약을 발라 구운 청기와까지 발전했다.

고려는 독자적 상감기법을 창안해 낼 정도로 뛰어난 기술을 지녔는 바 그 연장선상에서 청기와를 제작하여 팔각정 지붕에 얹은 것이었다. 이때의 청기와는 호화로운 사치 그 자체였다. 왜냐하면 당시 기술은 있을지언정 청자 생산량은 극히 적었기 때문이다. 따라서 청기와는 보석을 씌운 것과 같은 장식이라 해도 과언이 아니었으며 이로 인해 권력, 권위, 사치 등을 나타내기에 이르렀다.

한편 오늘날 대통령 관저를 '청와대(靑瓦臺)'라고 부르는데 그 이유는 자못 엉뚱하다. 그 유래는 다음과 같다.

1948년 8월 15일 대한민국 정부가 수립된 뒤 이승만 대통령은 일제강점기 총독부 관저였던 경무대에서 생활했다. 그런데 이승만의 독재가 심해지자 국민들은 1960년 4·19 혁명을 일으켜 그를 쫓아냈다. 이어 1960년 8월 취임한 윤보선 대통령은 국민의 원성을 샀던 '경무대'라는 이름을 고치고 싶어 했고 전문가 자문을 거쳐 청와대로 바꿨다. 관저 기와의 파란 빛깔이 평화를 상징한다는 의미 외에, 미국 대통령 관저 화이트하우스(백악관)에 비교되는 블루하우스로 영역된다는 점을 마음에 들어 했기 때문이었다. 또한 영국 유학 생활 중 고고학을 공부했던 윤보선 대통령은 청기와가 우리나라 고유의 문화재라는 점도 감안했다고 한다. 하여 고려 시대에 사치스런 장식이었던 청기와는 현대에 이르러 우리나라 최고 권력 기관의 상징으로 그 의미가 바뀌게 되었다.

제 2 장

고려 중기

장군 수염을
불태운 경박한 문신

어느 해 설달 그믐날 대궐 안에서 놀이가 벌어졌을 때의 일이다. 내시 **김돈중(金敦中, ?~1170)**[1]이 **나례(儺禮)*** 때 촛불을 켜고 놀던 중 무신 **정중부(鄭仲夫, 1106~1179)**[2] 장군을 불렀다.

"여보게."

가까이 있던 정중부는 나이 어린 김돈중의 하대가 못마땅했지만 문신 세력의 기세에 눌려 참고 응답했다.

"예?"

김돈중은 의미심장한 미소를 띠면서 말했다.

"이리로 오게."

---

❶ 김돈중 : 고려 시대의 문신. 김부식의 아들이다. 인종 22년(1144)에 문과로 급제하였다. 내시직에 임명되어 왕의 총애를 받았다. 촛불로 정중부의 수염을 태운 실수를 저질렀을 때, 김부식이 아들 김돈중을 옹호해 무신들의 원한을 샀다. 1170년 정중부 등이 무신의 난을 일으키자 감악산으로 몸을 숨겼으나 발각되어 죽임을 당했다.

❷ 정중부 : 고려 시대의 무신. 의종 때 상장군을 지냈다. 의종이 문신을 우대하고, 무신을 무시하는 등 차별이 심해지자, 이에 불만을 품고 정변을 일으켰다. 임금을 폐하고 정권을 잡은 후 무단 정치를 행하다가 1179년 경대승에게 피살되었다.

"……."

7척 장신에 풍채 좋은 정중부가 대답하지 않고 가만히 있자 김돈중이 다시 말했다.

"자네 수염이 아주 보기 좋구먼."

그러면서 김돈중은 아주 빠른 동작으로 정중부 수염 밑에 촛대를 들이밀었다. 순간 수염에 불이 붙었고 깜짝 놀란 정중부는 재빨리 불을 끄고는 크게 화를 냈다.

"이놈이!"

정중부가 손으로 후려치자 김돈중은 그 자리에 풀썩 쓰러졌다. 평소 점잖은 정중부였건만 자신이 애지중지 길게 기른 수염을 상하게 한 데 분노했던 것이다.

"장군, 왜 이러시오."

주변에 있던 무신들이 급히 정중부를 말렸지만 사태는 이미 불운을 암시하고 있었다. 김돈중이 누구인가? 묘청의 난을 진압하는 데 큰 공을 세운 **김부식(金富軾, 1075~1151)**[3]의 아들이었다. 김돈중이 나이에 상관없이 무신을 얕보며 까분 이유도 여기에 있었다. 까닭이야 어떻든 간에 그런 김돈중을 건드렸으니 정중부의 처지가 난감해졌다.

더구나 그곳에는 김부식이 같이 있어서 그 광경을 두 눈으로 똑똑히 보았다. 제3자의 눈으로 보면 분명 김돈중의 잘못이지만, 김부식은 김돈중에 대한 폭력을 자기에 대한 도전으로 간주했다. 하여 김부식은 아들의 잘못은 덮

---

[3] **김부식** : 고려 시대의 문신, 학자. 서경 천도를 주장하는 묘청의 난이 일어나자, 원수로서 이를 평정하였다. 인종 23년(1145)에 전 50권으로 된 『삼국사기』를 편찬하였다.

어 두고 정중부가 폭력을 썼다 하여 엄한 벌을 주자고 주장했다. 그 아들에 그 아버지였던 셈이다.

"무신이 문신을 때렸으니 마땅히 중죄로 다스려야 하옵니다."

의종은 문신을 편애한 왕이었지만 이러한 김부식의 말은 들어주지 않았다. 그런데 의종이 정중부를 용서해 준 이유가 조금 엉뚱했다. 정중부가 잘 생겼으므로 이해해 주어야 한다는 것이었다.

정중부는 다행히 큰 벌을 받지 않고 목숨을 건졌지만 그의 마음에는 김돈중에 대한 미움이 뿌리깊이 박혔다.

그 후 김부식이 운명을 달리했고 세상은 많이 어지러워졌다. 김돈중이 정중부의 수염을 태운 지도 20년이나 지났다. 그러나 정중부는 예전의 치욕스런 일을 결코 잊지 않고 살았으며, 1170년(의종 24) 보현원(普縣院)에서 정변을 일으켜 무신 정권을 세웠다. 쿠데타의 진행 상황은 대략 이러했다.

의종이 이곳저곳 정자로 나들이하며 향연을 즐기자 이를 호위해야 하는 무신들의 피로와 불만은 폭발 직전에 이르렀다. 의종이 항상 문신만 편애하고 문신은 무신을 푸대접하는 일이 반복되자, 정중부, 이의방, 이고 등 무신들은 1170년 8월 보현원 행차 때 문신 살해를 모의했다.

"씨름을 해 보아라!"

행차 도중 의종은 무신들에게 씨름을 시켰고 이때 젊은 문신 한뢰가 씨름에서 진 대장군 이소응의 뺨을 때리며 모욕했다. 무신들은 모두 자신들이 맞은 것처럼 분노했고, 모의한 대로 보현원에서 문신들과 환관들을 보이는 대로 모두 살해했다.

한편 김돈중은 쿠데타가 일어날 당시 그곳에 없었으나 소식을 듣고 급히 말을 몰아 감악산으로 도망쳤다.

"김돈중 그놈이 보이지 않는다!"

정중부는 김돈중을 결코 잊지 않고 있었다. 그날의 수치를 어찌 잊는단 말인가. 정중부는 사람을 보내어 김돈중의 집을 뒤지게 하고, 산으로 들어갔음을 알자 즉각 병사들에게 말했다.

"누구든 김돈중이란 놈을 죽이는 자에게는 후한 상을 주리라."

김돈중은 숨을 곳도 없고 달아날 수도 없었다. 결국 붙잡힌 그는 죽을 때 탄식하듯 말했다.

"나는 아무 죄도 없는데 이 꼴이 되었구나."

자신의 경조부박을 여전히 모르는 말이었다.

정중부는 의종을 폐한 다음 유배를 보냈으며 왕의 아우를 즉위시켰다. **명종(明宗, 1131~1202)**[4]은 갑자기 왕이 됐지만 그는 허수아비나 다름없었다. 이때부터 무신이 정국을 지배했는데, 이때를 가리켜 무인 집권기라 한다.

---

[4] **명종** : 고려의 제19대 왕(재위 1170~1197). 제17대 왕 인종의 셋째 아들. 1170년 무신의 난 때, 의종을 몰아낸 정중부 등의 추대로 즉위하였다. 1197년 정권을 장악한 최충헌에 의하여 폐위되었다.

• 나례

역귀를 쫓는 의식을 뜻하는 말로, 역사적으로는 고려 초부터 궁중에서 행해졌던 축귀 의례(逐鬼儀禮)를 가리킨다. 대개 음력 섣달 그믐날 밤에 궁중과 민가에서 마귀와 사악한 귀신을 쫓아낸다는 의미로 의식을 베풀었다.

"지는 해와 함께 모든 재앙이 사라지기를!"

연말에 국가 차원에서 나례를 행한 데에는 나름의 이유가 있었다. 옛사람들은 모든 질병과 재앙의 원인을 잡귀의 행패(심술)로 생각했기에 그 잡귀들을 쫓아내고 새해를 복된 마음으로 맞이하려 한 것이다. 같은 맥락에서 한밤중에 불을 밝히거나 건물 곳곳을 깨끗이 치웠다.

한편 나례는 연극의 모태가 되기도 했으니 가면을 쓰고 귀신 쫓는 놀이가 마당극으로 발전했다. 고려 말엽 큰 인기를 끈 산대잡극(山臺雜劇)은 나례 때 광대나 무당들의 행위를 바탕으로 하여 생겼다.

조선 시대에도 나례가 행해졌으나 다소 연희적 성격으로 바뀌었고, 오늘날에는 민속 예술로 남아 있다.

괴승 일엄의 혹세무민

"승(僧) 일엄(日嚴)이란 자가 전주에 있으면서 눈먼 사람을 다시 눈 뜨게 하고 죽은 사람을 다시 살게 합니다."

고려 제19대 왕 명종 때 일이다. 전라주도 안찰사 오경신이 조정에 위와 같이 보고했다. 당시 전주에 장님과 귀머거리 들이 기적을 바라면서 일엄이란 승려에게 몰려드는 현상을 주의 깊게 살펴본 다음 그 신통력에 감탄하여 글을 올린 것이었다.

왕은 내시를 보내 승려 일엄을 불렀다. 왕의 특별 초대를 받은 일엄은 도성으로 올라오면서 대단한 위세를 과시했다. 화려하게 채색한 큰 모자를 쓰고 비단 **쥘부채**°로 얼굴을 가린 채 준마를 탔으니 이는 감히 쳐다보지 말고 존경하는 마음으로 우러러 보라는 뜻이었다. 더구나 왕명에 따라 군졸들이 그를 호위했기에 일엄은 군중들로부터 마치 신처럼 받들어졌다.

"기적을 베풀어 주소서!"

어느 시대든 아픈 사람은 있기 마련이었는데 서민들은 마땅한 치료를 받을 수 없었다. 이에 사람들은 물에 빠졌을 때 지푸라기라도 붙잡는 심정으로 일엄에게 매달려 구원을 요청했다. 어떤 이는 일엄의 발에 자기 머리털을 대려고 들이밀기도 했다. 행여 기적이 일어나지 않을까 바란 것이다.

그 모습이 얼마나 대단했는지는 일엄이 도성에 도착했을 때 사람들이 모두 마중 나가 일시에 도성 안이 텅텅 빌 정도였다고 한다. 특히 장님을 비롯해 신체가 불편한 자들은 어떻게 해서든 일엄을 가까이에서 보려고 애를 썼지만, 일엄은 부채를 한 번 휘두르며 모두 비켜서게 했다.

일엄은 개성 남쪽 천수사로 들어와 남문루(南門樓)에 머물렀고 이때 재상과 대신들이 달려와서 예를 갖춰 맞이했다. 어사대부 임민비는 누각 아래에서 일엄에게 절했는데 이는 국왕에게만 갖추는 예절 인사로서 맹신 혹은 지나친 아부였다.

"제자로 받아 주소서!"

일엄은 흥법사로 옮겨 거처했는데 그가 걸음을 나설 때면 많은 남녀가 다투어 머리를 푼 채 길에 엎드렸다. 일엄이 그 머리를 밟고 지나가면 좋은 일이 생기리라 믿었기 때문이었다. 일엄은 그들에게 말했다.

"아미타불을 부르면 복을 받으리라!"

이에 일엄을 따르는 무리들이 아미타불을 역시 불렀고 그 소리는 십 리 밖까지 퍼져 나갔다. 일엄에 대한 신비감은 점점 커져서 급기야 그가 세수하거나 목욕한 물까지도 성수로 여겨졌다.

"비록 한 방울이라도 온갖 병을 치료할 수 있다고 하네."

그가 손 씻은 물은 비싼 값에 거래되었고, '법수'라고 불리며 만병통치약으로 통했다. 하지만 효과가 있을 리 없었다. 효과를 보지 못한 사람은 처음

엔 자기만 그런 줄 알았는데 다른 사람들도 아무 효과를 보지 못했음을 확인하고는 일엄의 신비에 대해 의심을 품게 되었다. 결국 일엄의 행각이 사기였음이 드러났으며, 왕이 점차 그 간사함을 알고 고향으로 내쫓아 버렸다.

이 사건은 『고려사절요』에 기록된 내용으로, 괴승 일엄의 요망한 행동을 전해 주고 있다.

그렇다면 일엄은 어떻게 하여 무지몽매한 백성들을 현혹할 수 있었을까? 그 비밀은 일엄의 말 한마디에 있다.

"만법은 오직 한 마음에 있으니 네가 만약 부지런히 염불하면서 '내 병이 나았다.'고 하면 병이 따라 낫게 되니 절대로 병이 낫지 않는다고는 말하지 말라."

불구이거나 병에 걸린 사람들은 일엄의 말을 철석같이 믿었기에 낫지도 않은 병을 나았다고 연신 주문처럼 외웠다. 장님은 볼 수 있다고 외치고 귀머거리는 들린다고 외쳤기에 사람들은 기적이 일어났다고 생각했고 이런 일들이 사실로 전해져 세상에 퍼져 나간 것이었다. 오늘날에도 사이비 종교 지도자들은 일엄과 같은 술수로 사람들을 현혹시키곤 하니 예나 지금이나 지나친 맹신은 어리석음에 빠지는 길임을 알아야 한다.

• 고려 시대의 발명품, 쥘부채

부채란 '부치는 채'를 말하며, 이 말이 줄어 '부채'가 되었다. 부채를 뜻하는 한자 '선(扇)'은 새의 깃털[羽]로 집[戶]에서 더위를 피하고 있음을 나타내는 표의 문자이다.

옛날에는 부채를 만들기가 쉽지 않았기에 권력자나 고위 성직자만이 부채를 사용했으며 의식을 거행할 때 그들의 권위를 과시하는 데 활용했다. 고구려 안악 3호분 벽화에도 깃털로 만든 부채가 그려져 있다.

우리나라의 부채에 대한 기록으로 가장 오랜 것은 『삼국사기』에 있다. 후백제 견훤이 왕건에게 공작선(孔雀扇)을 보냈다는 내용이 그것이다. 접었다 폈다 할 수 있는 쥘부채는 고려 시대 사람들이 처음 발명했다. 대나무를 얇게 깎아 빗살 모양으로 대를 만들고 그 위에 한지를 발라 만든 '합죽선(合竹扇: 접을 수 있는 부채)'은 휴대의 편리성과 '탁' 펼치는 멋 때문에 많은 사랑을 받았다. 중국인들은 이것을 '고려선'이라 하여 매우 귀중하게 여겼고, 고려에 온 중국 사신들은 쥘부채를 선물로 받으면 무척 좋아했다. 일엄이 권위를 과시하고자 사용한 부채도 쥘부채였다.

조선 시대 때 쥘부채는 선비들의 필수품으로 여겨졌다. 더위를 쫓는 용도뿐 아니라 양반들의 얼굴 가리개로도 쓰였다. 혼례 때에는 얼굴의 눈 아랫부분을 가리기 위한 체면용으로써 어느 계절이고 부채를 사용했다. 반면 무당이나 기생을 제외한 일반 부녀자들은 외출할 때 부채를 휴대하지 않았으니, 이는 조선 태종 때 부녀자의 부채 휴대 외출을 금한 데서 비롯되었다.

한편 우리나라 전통 혼례식 때 쓰인 청홍색 부채는 음양(陰陽) 및 동정의 상징이었다. 신랑이 백마에서 내려 신부 집 문을 들어설 때 얼굴 하반부를 가리는 파란 부채나, 신부가 초례청에 나올 때 수모(手母: 전통 혼례에서 신부의 단장 및 그 밖의 일을 곁에서 도와주는 여자)가 신부 얼굴을 가리는 붉은 부채는 신랑, 신부가 총각, 처녀라는 동정의 표상이었다. 그리고 혼인식에서 부채를 거두는 행위는 신랑, 신부가 서로 간에 동정을 주고받음을 상징했다.

이의민의
꿈, 꿈, 꿈

"소금 사세요. 소금! 체도 싸게 팝니다."

떠돌이 소금 장수 이선은 경주 옥련사의 노비로 있는 여자를 만나 사랑에 빠졌다. 둘은 결혼했고 아들만 셋을 낳았다. 그렇게 태어난 삼형제 중 막내 이의민(李義旼, ?~1196)은 어려서부터 기질이 강했다. 부모 눈에도 그렇게 보였는지 어느 날 그 어미가 묘한 꿈을 꾸었다. 막내 아들이 푸른 옷을 입고 황룡사 구층탑으로 올라가는 것이었다.

"애야, 위험하니 조심해라!"

어미는 자식의 모습이 걱정되어 소리를 지르다가 잠에서 깨었다.

"휴우, 꿈이었구나."

"왜 무슨 꿈을 꾸었기에 그리 놀라 깨었소?"

"글쎄, 우리 막내가 신성한 황룡사 구층탑을 올라갔어요. 그 모습이 신기하기도 하고 위험해 보여서 조마조마한 마음으로 지켜보다 깨었네요. 무슨 꿈일까요?"

"푸른 옷이라면 귀한 신분이 입는 것이고 불탑은 신성한 것인데……."

"그렇다면 아무래도 막내가 자라서 큰사람이 된다는 뜻이 아닐까요?"

"그럴지도 모르지. 이름을 높이 날릴지도 모르고. 어디 기대해 봅시다."

이의민은 팔 척 장신에 남보다 월등히 힘센 장사로 컸고 두 형도 그에 못지않은 당당한 풍채를 지녔다. 겉으로만 봐서는 모두 사나이 대장부들이었다. 하지만 천민 신분이 문제였다. 이들은 넘치는 힘을 주체하지 못하고 경주에서 소문난 불량배로 거리를 휩쓸고 다녔다.

"여기 술 가져오란 말이야! 어서!"

"오호! 이거 괜찮으니 가져가자."

삼형제는 자신들의 힘을 믿고 경주의 여기저기를 돌아다니며 마을 사람들의 골칫덩어리가 되었다. 유명해지기는 했으나 몹쓸 짓 때문에 그러했으니 어미의 황룡사 꿈이 반만 맞은 셈이었다.

"귀신은 뭐하나. 저런 것들 잡아가지 않고."

"그러게 말이야. 나라에서는 왜 저런 놈을 그냥 놔둘까?"

지역 민심이 흉흉해지자 안렴사 김자양이 삼형제를 붙잡아 그 죄를 물으며 모진 고문을 가했다. 그로 인해 두 형은 죽고 말았으나 이의민은 끝까지 버텼다.

'그놈 제법 끈질기구나. 힘이 장사고 운동도 잘하니 써먹을 데가 있을지도 모르겠다.'

김자양은 이의민을 풀어 주고는 다음과 같이 말하며 개경으로 가게 했다.

"내 너에게 기회를 주고자, 너를 경군(京軍: 도읍지에서 근무하는 병사)에 넣었으니 나라를 위해 충성해라!"

명령에 따라 이의민은 남은 가족과 함께 즉시 경주를 떠났다. 개경에 이르렀을 때 성문이 닫혀 있어서 이의민 일행은 도성 남쪽에 있는 연수사(延壽寺)에서 하룻밤을 묵었다. 그날 밤 이의민은 희한한 꿈을 꾸었다.

"어라, 사다리가 있네."

이의민은 긴 사다리가 성문에 걸려 있는 걸 발견하고는 그걸 타고 성문 위로 올라갔다.

"다 올라왔다!"

이의민은 가까스로 성문 위에 다다른 뒤 기쁨의 소리를 냈다가 이내 다시 긴장했다. 사다리가 거기서 끝나지 않고 어디론가 계속 이어져 있었기 때문이었다. 위를 올려다보니 사다리는 궁궐 정문에까지 이르고 있었다.

"좋아, 계속 올라가 보자."

이의민은 내친 김에 사다리를 밟아 올라갔고 궁궐 정문에 이를 즈음 잠에서 깨었다.

"참 신기한 꿈이다."

"왜 무슨 꿈을 꾸었는데?"

"사다리가 성문 위에 걸쳐져 있었고, 그 위에 올라갔더니 다른 사다리가 대궐 정문에까지 걸쳐져 있었습니다."

"혹시 네가 점점 출세한다는 걸 일러 주는 꿈이 아닐까?"

이의민은 이후 군인으로서의 임무를 성실히 수행했다. 어쩐지 열심히 하면 빠르게 승진할 것만 같았기 때문이었다. 실제로 이의민은 사졸로 출발하여 이내 대정(분대장에 해당)이 되었다. 이의민은 점차로 지위가 높아졌고 공도 몇 번 세웠다. 거기에는 운도 따랐다.

어느 날 의종이 **수박(手搏)**˙ 시범을 보고 싶다 하여 무술 겨루기가 행해졌다. 이때 이의민은 강한 힘과 뛰어난 기술로 깊은 인상을 남겼고, 그 무술에 반한 의종은 이의민을 별장(중대장 지휘관)으로 특별 진급시켰다. 두 단계나 건너뛰는 초고속 승진이었다.

이의민은 여기서 만족하지 않았다. 강렬한 출세욕을 지닌 그는 성공을 위해서라면 물불을 가리지 않았다. 1173년(명종 3) 김보당이 무인 정권을 전복시키고자 난을 일으켰을 때는 폐위된 의종을 무참하게 때려 죽였다. 자신의 무술을 높이 평가하여 삼 계급 특진시켜 준 은혜 따위는 그의 양심에 아무 장애가 되지 않았다. 이의민은 경주 곤원사 북쪽 못가에서 의종을 살해했고, 그 대가로 대장군(종3품)으로 승진했다.

'사다리 타고 올라가는 꿈은 예언이었구나!'

이의민은 순탄한 출세와 사다리 꿈을 연결시켜 생각하고는 흡족해했다. 1174년(명종 4) 조위총이 무인 정권을 제거하겠다는 명분을 내세우고 동북 지방에서 난을 일으켰다. 그 기세는 제법 대단해서 여러 차례 관군을 제압하며 개경을 향해 돌격해 왔다.

"제가 처리하고 돌아오겠습니다."

이의민은 호기 있게 출진하여 선봉에 나섰다. 그런데 한창 전투 중일 때 어디선가 화살이 날아와 이의민의 한쪽 눈에 박혔다.

"윽!"

이의민은 고통을 참으며 손으로 화살을 뽑았다. 주변에 있던 부하들은 얼굴을 찡그리며 움찔했으나 이의민은 아무렇지 않다는 듯이 오히려 전투를 독려했다. 결국 관군이 그대로 진군하여 승리를 거뒀다. 그 공로로 이의민은 상장군(정3품)에 올랐다. 그리고 1194년 문하시중(종1품)이 되었다.

그렇지만 그는 남모를 열등감을 가지고 있었다. 천민 출신이라 하여 다른 무인들로부터 은연중에 질시와 견제를 받았기 때문이다. 하여 힘에 관한 일이라면 말로도 지기 싫어했다.

한번은 이런 일이 있었다. 이의민이 **두경승(杜景升, ?~1197)**[1]과 함께 중서성에 앉아 있을 때 자랑삼아 말했다.

"어떤 사람이 힘자랑을 하기에 내가 이렇게 때려눕혔지."

그러면서 이의민이 주먹으로 기둥을 치니 서까래가 크게 흔들렸다. 그러자 두경승이 지지 않겠다는 듯 말했다.

---

[1] **두경승** : 고려 시대의 무신. 1173년 김보당(金甫當)의 난을 평정했고, 1176년 조위총의 난을 평정하였다. 문하평장사를 거쳐 문하시중과 중서령을 지냈다. 만경두씨(萬頃杜氏)의 시조이다

"어느 때인가 내가 주먹으로 후려쳤더니 뭇사람들이 도망을 쳤소이다."

그 말을 하면서 두경승이 벽을 치니 주먹이 벽에 묻혔다. 힘자랑에 관한 한 둘째가라면 서로 눈을 부라릴 만한 입담과 실제 힘자랑은 그렇게 무승부를 이루었다.

이의민은 힘만 센 게 아니라 눈치도 빨랐다. **경대승(慶大升, 1154~1188)**[2]이 정중부를 죽이고 집권했을 때 이의민은 잠시 고향 경주로 내려가 칩거하며 몸조심을 했다.

"임금을 죽인 자가 아직 살아 있는데 무슨 축하를 받으란 말이오."

경대승이 관리들의 인사를 받지 않았다는 소식을 듣자마자 행한 일이었다. 경대승도 이의민을 직접 제거하기에는 부담이 되었기에 그대로 두었고, 이의민은 경대승이 죽은 후에 다시 개경으로 올라와 집권하는 처세술을 발휘했다.

어느덧 이의민은 명실상부한 실력자가 되었고 그의 권력에는 거칠 것이 없었다. 그런데 이의민은 어느 날 또 이상한 꿈을 꾸었다. 오색 무지개가 겨드랑이에서 나오는 꿈을 꾼 것이었다.

'내 몸에서 오색찬란한 무지개가 나오다니, 이건 필경 상서로운 꿈이야.'

이의민은 길조가 무엇인지 생각했는데 뭔가 짚이는 게 있었다. 그건 바로 최고 통치자로서의 등극이었다. 그 무렵 떠도는 '왕손은 12대에 끝이 나고 다시 십팔자(十八子)가 있으리라.' 라는 도참설이 그런 판단을 부채질했다.

‘십팔자라 하면 이(李)씨를 말함이 아니겠는가? 내가 바로 이씨이니 이는 내가 왕이 된다는 것을 암시하는 걸 거야.’

이의민은 이때부터 엉뚱한 야욕을 품었고 그 기회를 살폈다. 그는 나무로 만든 신을 집에 모셔 두고 날마다 찾아 엎드려 제사하며 복을 빌었다.

그러나 이의민은 지도자감이 아니었다. 아무에게나 뇌물을 받고 관직을 파는가 하면 백성의 집과 땅을 함부로 빼앗았고, 길을 가다 예쁜 여인을 보면 강제로 겁탈하기도 했다. 이의민의 처 최씨가 질투로 인하여 이의민이 어

여뻐하는 노비를 죽이고 다른 노비와 간통하자, 처를 내쫓은 뒤 미모가 뛰어난 양갓집 여자와 결혼했다. 하지만 그는 이런 식으로 결혼하자마자 처를 내쫓기를 반복했다.

이의민의 자식들(이지순, 이지영, 이지광 등)도 행실이 못되기가 만만치 않아서 사람들은 이지영, 이지광을 '쌍칼[雙刀子]'이라 부르며 흉을 보았다.

"칼 두 자루가 멋대로 휘둘러지는 세상이야."

"쌍칼이 또 떴군. 얼른 피하세."

이의민 가족의 행패가 이러하니 당연히 백성의 원성이 하늘을 찔렀다.

마침내 이의민은 최충헌과 최충수 형제에게 살해되었다. 이로써 그의 마지막 꿈은 왕위 등극이 아니라 저승길로 결말을 맺었다.

• 고려의 맨손 겨루기, 수박

손으로 치고 막는 무술을 일컫는 말이다. 고구려 벽화에 수박하는 모습이 그려져 있으며, 사찰 금강역사상의 자세를 수박의 한 자세로 보는 견해도 있다. 수박은 고려 시대에 전성기를 이루었고 고려 무인들이 수박을 즐겨 익혔다. 문헌상으로는 『고려사』 충혜왕 3년 5월에 "왕이 상춘전에 나가 수박희(手搏戲)를 구경했다."는 것이 최초의 기록이다. '수박희'는 두 사람이 놀이처럼 수박을 대련하는 일종의 유희였으니, 평소에는 호신술로서 단련하고 특별한 날에는 연예로서 놀이를 펼쳤음을 알 수 있다.

수박은 한국의 맨손 격투기의 원형이라 할 수 있으며 여기에서 후에 태견과 태권도가 태동했다.

아름다워서 불행했던 미인, 자운선

이의민의 둘째 아들 이지영이 압록강 부근의 삭주분도장군(朔州分道將軍)으로 있을 때의 일이다. 그는 장군으로서의 본분을 수행하기보다 미색을 취하는 데 관심이 더 많아서 수시로 멋대로 돌아다니며 난행을 일삼았다.

"저년을 냉큼 업어 오너라!"

이지영은 길가다 마음에 드는 여자를 보면 신분을 따지지 않고 종으로 하여금 데려오게 해서 겁탈하기 일쑤였다. 심지어 아름다운 부인을 가진 사람이 있다고 들으면 그 남편이 나간 틈을 엿보아 위협하여 반드시 제 욕망을 채웠다.

그런 이지영을 오랫동안 사로잡은 여인이 있었으니 바로 자운선(紫雲仙)이었다. 그렇지만 자운선은 만만한 성격이 아니었고 이지영은 상당한 대가를 치러야 했다. 그 사연을 살펴보자.

부임 초기 이지영은 관례대로 관기(官妓)들을 전부 불러서 점검했다.

"장군님, 어떤 기생이 마음에 드십니까?"

아전이 굽실거리며 하나를 고르라고 권하자, 이지영이 말했다.

"굳이 청탁을 따질 필요가 있겠느냐?"

아전은 그 말을 선뜻 알아듣지 못하고 다시 의중을 살폈다.

"그럼 가장 곱고 젊은 기생으로 수청을 들라 하겠습니다."

"어허, 그러지 말고 젊은 기생과 나이 든 기생 둘을 한꺼번에 들라 해라."

"네에?"

"여자마다 나름의 색깔이 있고 내 오랜 시간 기다리고 싶지 않아 하는 말이다."

"알겠사옵니다. 분부대로 행하겠습니다."

그날 밤부터 이지영은 하루도 거르지 않고 두 명씩 수청을 받아 관기 수십 명이 금방 그의 품을 거쳐 갔다. 이지영은 그래도 성에 차지 않은지 아전을 불러 물었다.

"이곳엔 미인이 많다는데 내가 혹할 만한 계집이 어디 없느냐?"

아전은 잠깐 머뭇거리다가 대답했다.

"실은 하나 있기는 하나 천한 신분이라서 좀……."

"어떤 계집인데 그러느냐?"

"**양수척(楊水尺)**[*] 태생의 자운선이란 계집이옵니다. 천하기는 하나 노래와 춤을 여느 기생보다 잘하고 미색이 제법 있사옵니다. 이 지역은 물론 압록강 건너까지 이름이 날릴 정도입니다."

"그래? 나이는?"

"방년 18세입니다. 그렇지만 관기도 되지 못하는 천한 계집인지라 말씀드리기가……."

이지영은 아전이 말을 가로채며 새로운 먹이를 노리는 맹수처럼 큰 관심을 보였다.

"계집에 신분이 무슨 상관이냐. 당장 불러오너라."

아전이 말했다.

"그게 좀 애로가 있습니다. 그 계집은 자유분방한 유랑민 출신이라 관의 힘으로 끌어오기가 좀 곤란합니다."

"여기서 나 이지영이 못할 게 뭐가 있느냐? 여염집 계집도 내가 원하면 수청을 들게 할 수 있는데 그까짓 창기 하나가 뭐 어떻단 말이냐. 당장 대령하여라!"

"천한 계집임에는 틀림없으나 그 계집은 도도하기로 유명합니다. 자기 마음에 들면 거지도 상대하지만 싫어하면 권세 있는 양반의 부름에도 응하지 않습니다. 때문에 자운선을 탐내면서도 뜻을 이루지 못한 자도 은근히 많사옵니다."

"뭐라고?"

"방법이 하나 있기는 있사옵니다. 비싼 몸값으로 일단 불러오는 것입니다."

"허허, 그런 계집이 있더냐? 그거 더욱 구미가 당기는구나. 그래 몸값은 어느 정도 들겠느냐?"

"아뢰옵기 송구하오나 그것은 전적으로 자운선의 판단에 달려 있습니다. 풍채로만 따진다면 장군님은 무엇 하나 부족함이 없으니, 자운선이 과연 장군님께는 어떻게 나올지 모르겠습니다."

"하하하! 내 꼭 그 계집을 보고 싶구나."

아전은 그날 저녁 자운선을 불렀고, 자운선은 풍각쟁이 일행과 함께 와서 가무를 펼쳤다.

'대단한 미인이구나. 춤과 노래도 참으로 뛰어나고.'

이지영은 자운선의 자태에 홀려 속으로 감탄을 연발했다. 체면상 표정을 유지하려 했으나 누가 봐도 황홀해하는 얼굴임에 분명했다.

'내 궁녀를 비롯해 경향 각지의 계집과 정을 통해 왔지만 저런 미녀는 처음이로다. 과연 소문이 날 만하구나!'

자운선의 교태에 사로잡힌 이지영은 마음이 동하자 노래와 춤을 지루하게 느끼기까지 했다. 아전이 이를 눈치채고 서둘러 가무를 마치게 하고는 자운선으로 하여금 장군에게 수청을 들게 했다. 이지영은 자운선을 침실로 데려 갔고 방 안에는 이미 오붓한 술상이 차려져 있었다. 이지영은 마음이 급했으나 자운선은 담담한 목소리로 사례를 요구했다.

"그래, 얼마면 되겠느냐?"

이지영의 물음에 자운선은 영리하게 처신했다. 자기 몫을 말하기 전에 같이 온 동료들 몫부터 챙겨 달라고 말한 것이다. 이지영은 권력자 앞에서도 당당하게 말하는 모습조차 사랑스럽게 생각하며 순순히 들어주었다. 이지영이 그에 응하자 자운선은 이번에는 자기 몫을 갑절로 불렀다. 이미 마음을 빼앗긴 이지영은 흔쾌히 거금을 약속했다.

"오냐! 그렇게 해 주마. 대장부가 그 정도 못 해 주겠느냐."

"그럼 장군님을 믿고 몸을 맡기겠사옵니다."

이지영은 어렵게 소원을 이루었고, 자운선은 자운선대로 이후에 더 많이 받아 내기 위한 계획을 짜냈다.

며칠 후 이지영은 다시 자운선을 불러 말했다.

“내가 너를 소실로 들이려 하는데 네 의향은 어떠냐?”

“배려는 감사하옵니다만 제 처지는 그럴 수 없사옵니다.”

“네가 걱정 없이 살도록 내가 널 돌봐 주겠다는데 무슨 문제가 있느냐?”

“저는 양수척입니다. 가엾은 동족의 처지를 외면한다면 마음이 편치 않을 것 같습니다.”

“돈을 갖다 주면 되지 않겠느냐?”

“제 동족은 참으로 어렵게 살고 있습니다. 장군님께서 제 동족에게 평민의 적(籍)을 주시고 생업을 가질 수 있도록 힘써 주신다면 기꺼이 장군님의 뜻을 따르겠습니다.”

“그래, 알았다.”

이지영은 이때부터 자운선을 비공식적인 첩으로 데리고 살았으며, 자운선의 부탁을 일부 들어주었다. 하지만 이지영은 교활한 인간이었으니 양수척의 취적(就籍) 과정에서 그 심성이 극명히 드러났다.

“빠짐없이 등록하라!”

양수척은 평민 신분을 부여받는 줄 알고 기뻐하여 관가에 가서 이름을 적었다. 그러나 그 기대는 이내 실망으로 바뀌었다. 알고 보니 자운선의 종으로 등록된 것이었기 때문이다. 이지영은 자운선에게 말했다.

“자, 네 소원대로 양수척을 모두 등록시켜 주었고, 너는 이제 양수척 부족의 여왕이니라.”

자운선은 당황했다. 동족을 도우려다 족쇄를 채운 꼴이 됐기 때문이다. 자운선을 믿고 순순히 등록한 양수척 사람들은 이전에 없던 인두세(人頭稅)를 부여받자 크게 분노했다.

“일자리를 만들어 주기는커녕 난데없이 세금이라니 완전히 속았어!”

“우리가 가진 것은 없어도 서로 위하며 살았는데 배신하여 우리를 이용하다니 도저히 용서할 수 없어!”

“이전의 자유로운 유랑민으로 돌아가게 해 달라고 합시다.”

하지만 사태는 이미 엎질러진 물이었다. 신분이 파악된 양수척은 도리 없이 가혹한 세금을 내야 했고 더 힘든 삶을 살아야 했다. 이지영은 그렇게 걷은 세금을 착복하여 마음대로 썼다. 시간이 지날수록 이지영과 자운선에 대한 원망은 커졌고 나아가 정부에 대한 불만은 점점 극에 달했다.

얼마 후 이지영은 개경으로 영전해 갔으나 최충헌(崔忠獻, 1149~1219), **최충수(崔忠粹, ?~1197)**[1] 형제에 의해 죽임을 당하고 말았다.

“너의 미모가 제법이구나.”

최충헌은 이지영을 죽인 후 자운선을 자기 애첩으로 삼았고, 동족에게 배신자로 찍혀 갈데없는 자운선은 어쩔 수 없이 최충헌의 첩 노릇을 했다. 그런 자운선에게 먹구름이 몰려왔다.

자운선이 최충헌의 첩으로 3년을 보낸 1195년(고종 3) 8월에 거란군이 압록강을 넘어 삭주 일대를 침공해 왔다. 이때 뜻밖의 일이 벌어졌다. 양수척이 고려군과 힘을 합쳐 거란군에 맞서지 않고 오히려 거란군의 편에 선 것이다. 지리를 잘 모르는 거란군에게 자청하여 안내를 맡았고, 목숨을 걸고 고려군에게 대항했으며, 동족의 배반자 자운선을 잡아서 불에 태워 죽였다. 양수척의 행위는 완전히 증오심으로 인한 복수였으니 시대를 잘못 타고난 자운선이 맞은 불행은 자업자득이었다.

---

[1] **최충수** : 고려 시대의 무신. 최충헌의 동생이다. 1196년 형 충헌과 함께 이의민을 죽이고 권력을 장악하였다. 뒤에 태자비를 폐하고, 자기 딸을 태자비로 삼으려다 최충헌과 부딪쳐 결국 임진강 근처에서 살해되었다.

• 변방의 부족, 양수척

압록강 부근의 삭주(朔州) 일대에 살던 무국적 부족을 가리키는 말이다. 그 조상은 후백제가 고려에게 멸망된 뒤 포로로 붙잡혀 멀리 귀양 보내진 백제의 농민 출신 병사들이다. 고려 태조는 끝까지 반항한 이들을 두려워하여 북쪽 변방으로 내쫓아 버렸던 것이다.

그들은 아무것도 없는 땅에 버려졌기에 계절에 따라 이곳저곳 유랑 생활을 하며 목숨을 이었다. 대개 수초(水草)를 따라 이사하며 살았고 버드나무 가지(楊枝)로 고리짝을 만들어 팔았기에 '양수척'이라 불렸다. '양수척'은 '양척'과 '수척'을 줄인 말이라는 설도 있다. 여기서의 '양척'은 고리 장사꾼, '수척'은 소 잡이(도살꾼)를 의미한다.

그들은 생존을 위해 무엇이든 일을 했다. 남자는 사냥하거나 화전을 일구었고 여자의 경우 춤과 노래로 구걸하고 때때로 몸까지 팔았다. 양수척은 남다른 공동체 의식을 지녀 누가 벌든 부족 모두의 벌이로 생각했다.

미모가 뛰어난 여자를 우대해 준 이유도 여기에 있었다. 미모의 여인이 사실상 가장 쉽게 비교적 큰돈을 벌어 주었기 때문이다. '보랏빛 구름 신선'이란 뜻의 '자운선'이라는 이름에서 미녀를 우대하는 정서를 일부 엿볼 수 있다. 그들에게 창기는 천한 계집이 아니라 부족을 이끌어 주는 고마운 존재였던 것이다. 그랬던 만큼 배신은 동족을 죽이는 행위로 여겨졌다.

양수척은 호적이 없으므로 사람 취급을 받지 못했다. 세금을 내지 않고 병역의 의무를 수행하지 않아도 됐지만, 나라로부터 보호받지 못하는 현실은 가혹했다. 심지어 주인을 모시는 노예조차 될 수 없었다.

한편 양수척은 기생의 효시로 여겨지기도 한다. '기생'의 정의에 대해서는 논란이 있으나 춤과 노래를 부른 창기로서 그렇게 보는 것이다. 이익과 정약용은 '기생'의 유래를 양수척 혹은 수척이나 광대(廣大: 광주리를 만드는 사람)라고 주장했다.

최충헌의 독특한
인재 등용법

최충헌은 쿠데타를 일으켜 이의민을 제거한 후 강압 통치를 하면서 절대적 독재 체제를 확립하고 권신 정치(權臣政治)의 기틀을 세운 사람이다. 권신 정치는 권세를 가진 신하가 나라를 다스리는 일을 가리키는 말이며, 최충헌은 자기 생전에는 물론 자식 세대에까지 그 기반을 물려주었다.

최충헌은 포악한 성격이면서도 나름대로 너그러운 면이 있었다. 최충헌이 자기 집 계집종인 동화를 예뻐할 때의 일이다. 얼굴이 반반하여 가까이 했는데 심심치 않게 듣기 거북한 소문이 나돌았다.

"주인님 집에 안 계실 때 뭇 사내들과 정을 통한다며?"

"얼굴값 하는 모양인데 그러다 들키면 어쩌려고 그럴까."

"간이 부은 건지 음욕이 강한 건지 모르겠어."

"그러게 말이야."

본시 소문은 본인만 모르게 다른 사람들 사이에 떠도는 법이고, 마침내 그 소문이 최충헌의 귀에도 전해졌다. 누군가 조심스럽게 슬쩍 흘려 준 것인데,

이때 최충헌이 보인 반응은 의외였다.

"그래? 허허, 동화 그것의 생김새가 그러니 그 값을 하는구나. 하기야 그만하면 어느 사나이든 한번 가까이 하고 싶겠지."

화낼 일이 아니라는 투였다. 그로부터 며칠 후 최충헌은 동화를 방으로 불러들였다. 최충헌은 동화에게 은근한 목소리로 말했다.

"듣자 하니 네가 제법 많은 녀석들과 정을 통하고 있다며?"

"……."

동화는 순간 움찔하며 당황했다. 최충헌은 그에 상관없이 다정한 목소리로 물었다.

"그중 어느 녀석이 가장 쓸 만하더냐?"

동화는 자신을 탓하는 게 아니라 가벼운 농이 섞인 질문이라고 여겨 안심했다. 그래도 조금 불안해서 머뭇거리자 최충헌이 한 번 더 말했다.

"괜찮다. 편히 말해 보아라. 그래 누가 네 남편감이더냐?"

동화는 긴장을 풀고 대답했다.

"공생(貢生: 관가에서 심부름하는 사람) 최준문(崔俊文)입니다."

"최준문이라……. 그래 알았다."

최충헌은 동화의 남자 문제에 대해 더 이상 아무 말두 하지 않았다. 동화는 자신의 솔직한 대답으로 인해 행여 최준문이 좋지 않은 일을 당할까 걱정했다. 남자의 질투도 여자 못지않음을 어느 정도 알고 있었던 까닭이다.

하지만 그건 동화의 기우였다. 최충헌은 최준문을 불러 자기 집에 두고 종으로 부리다가 그 두뇌를 높이 평가하여 대정에 보직하고는 크게 신임했다. 그리고 점차 그 벼슬을 올려 주어 대장군으로까지 승진시켰다. 덕분에 최준문은 권세를 누렸으며 최충헌을 만나고자 하는 사람들은 그 통로로서 최준문을 찾곤 했다. 최준문은 충직하게 최충헌을 보필했으며, 1217년 7월 박달령 전투에서 고려를 침입해 온 거란군을 물리치는 데 큰 공을 세운 일곱 장군 중 한 명으로 이름을 떨쳤다.

그렇다면 왜 최충헌은 계집종이 좋다고 말한 사내를 불러 가까이 두고 총애했을까? 그 이유는 최충헌 나름의 인재 판별 기준에 있었던 것으로 여겨진다. 여인의 마음을 여는 데는 정성과 배려가 필요하고 머리도 좋아야 한다. 기술의 등급 역시 두뇌 회전 속도에 비례한다. 요컨대 최충헌은 기술이 좋은 사람은 두뇌가 뛰어나리라 판단하여 그리한 것이다.

그런데 이의민의 부하였던 최충헌은 왜, 어떻게 이의민을 죽이고 집권에 성공했을까? 『고려사』에 따르면 최충헌과 최충수가 이의민을 제거하게 된 계기는 집비둘기 때문이었다.

1196년(명종 26) 최충헌의 아우 최충수가 동부녹사로 있을 때의 일이다. 형보다 더 괄괄한 성격의 최충수는 비둘기 기르기를 좋아했는데, 어느 날 이지영(이의민의 둘째 아들)이 그 집에 놀러왔다가 최충수가 애지중지하는 집비둘기 한 마리를 훔쳐 갔다.

뒤늦게 그 사실을 안 최충수는 이지영을 찾아가 비둘기를 돌려 달라고 청했는데 이때 말이 좀 사나웠다.

"훔쳐 간 내 비둘기를 당장 내놓으시지요!"

당시 절대적 권세를 누리고 있던 이지영은 그 말에 불쾌감을 크게 느껴 하인에게 명했다.

"저놈을 당장 포박하라!"

그러나 최충수는 그리 호락호락한 인물이 아니어서 다가오는 하인에게 크게 소리쳤다.

"이놈. 썩 물러가라. 너같이 천한 놈이 어찌 동부녹사를 결박하려 한단 말이냐. 나를 묶으려거든 이 장군이 직접 나서시라고 전하여라."

이지영의 하인이 어쩔 줄 몰라 하자, 이지영은 쓴웃음을 지으며 너그러운 듯 말했다.

"용기가 가상하니 그대로 놓아주어라."

최충수는 분한 마음을 애써 삭이며 돌아섰지만 치밀어 오르는 분노를 참기 힘들었다. 하여 그대로 형 최충헌의 집으로 달려가 씩씩거리며 말했다.

"이의민의 네 부자(父子)는 실로 나라의 적인데 내가 이를 베고자 하니 어떻습니까?"

최충헌은 신중한 면이 있는지라 난감한 표정으로 대답했다.

"네 마음은 충분히 이해하지만 지금은 좀 어렵지 않겠느냐?"

"형님이 그리 말씀해도 소용없소이다. 내 뜻은 이미 정해졌으니 여기서 멈출 수 없습니다."

"어허 이거 참. 그래, 네가 그리 결심했다면 어디 한번 해보자."

며칠 후 왕이 보제사에 행차하는데 이의민이 병을 핑게 대어 따라나서지 않고는 몰래 미타산의 별장으로 놀러 갔다. 최충헌 형제는 그 사실을 알고 박진재, 노석숭 등과 함께 칼을 소매에 넣은 채 별장 문밖에서 이의민이 나오기를 기다렸다. 어느 정도 시간이 흘러 이의민이 문밖에 나와 말을 타려고 했다. 그때 최충수가 빠르게 달려들어 칼을 휘둘렀다.

"역적 의민아! 내 너를 기다린 지 오래다!"

이의민은 순간 놀랐으나 무인답게 그 칼을 잘 피했다. 그렇지만 거기까지였다. 반대 방향에서 몰래 다가온 최충헌이 소매에서 칼을 빼어 이의민 옆구리를 기습적으로 찔렀다.

"윽!"

이의민은 외마디 비명을 지르고는 말에서 떨어졌다. 그 틈을 타서 최충헌은 단칼에 이의민의 머리를 베었다. 이의민의 종자 수십 명은 벌벌 떨다가 모두 칼날에 쓰러졌다. 최충헌이 노석숭에게 말했다.

"이의민의 머리를 가지고 달려 개경의 저잣거리에 효수(梟首: 죄인의 목을 높은 곳에 매달아 놓는 형벌)하라!"

이의민의 목이 사람들이 많이 다니는 네거리에 걸리자 개경은 발칵 뒤집혔다. 사람들은 세상이 어떻게 되는 것은 아닌가 싶어 불안에 떨었고 소문은 빠르게 개경 전역으로 퍼졌다. 일이 이렇게 되자 왕을 따라 보제사로 갔던 이의민의 나머지 일당은 겁에 질려 모조리 숨어 버렸다. 왕은 급히 궁중으로 돌아갔고, 최충헌 일당은 손쉽게 권력을 장악했다.

거사에 성공한 뒤 최충헌은 이른바 봉사십조(封事十條)를 올려 열 가지 조항에 달하는 개혁책을 제시했다. 쿠데타의 명분을 내세우기 위한 일종의 정치적 처신이었다. 이어 최충헌은 실정(失政)에 대한 책임을 물어 명종을 폐위하고 그 아우를 다음 왕으로 옹립했다. 이렇게 최충헌은 겉으로는 신종(神宗)을 내세웠지만 실제는 최고 권력자로서의 끈을 놓지 않았다.

'어떻게 잡은 권력인데 쉽게 놓을 수 있나. 하지만 권력을 남용하지 않도록 조심하자.'

초기에 최충헌은 나름대로 권력을 절제하려 애썼다. 그러나 그런 노력은 오래가지 않았으며 자기 권력을 침해하는 자가 있으면 가차 없이 처단했다. 그 대상에는 동생도 포함되었으니 최충수가 자기 딸을 태자비로 들이려 하자 반대하여 의견 충돌을 빚었다.

"내 딸이 뭐가 부족해서 태자비가 될 수 없단 말이오?"

최충수는 물러서지 않고 반란을 일으켰다. 최충헌은 즉각 제압에 나섰고, 패주하여 금강사로 도망 간 최충수에게 추격자를 보내 죽이게 했다. 상황이 이쯤 되자 아무도 최충헌에게 대들지 못했고 최충헌은 더욱 권력을 휘둘렀다. 최충헌은 명종, 신종, 희종, 강종, 고종의 다섯 임금을 겪는 사이에 두 임금 명종과 희종을 제 손으로 내쫓았으며 신동, 강종 두 임금을 제 손으로 세웠다.

최충헌은 마치 임금인 양 문무반의 인사를 마음대로 했다. 손님들에게 연회를 베풀 때면 수박 시합을 열어 승자에게 즉석에서 교위나 대정 벼슬을 주기도 했다. 한편으로는 자신의 소행 때문에 해를 입을까 불안한 나머지 무술에 뛰어나고 힘센 자들을 모아 호위병으로 삼았다. 최충헌은 호위병을 여섯 개 반으로 편성하여 자기 집을 교대로 지키게 했으며 이를 '도방(都房)*'이라 했다.

최충헌은 70세 나이에 죽었는데, 어느 날 일관이 "천문에 이변이 생겼습니다."라고 말하자 이렇게 대답했다.

"허, 내가 죽을 때가 되었나 보구나."

최충헌은 그날로 악공 수십 명을 불러 주야로 풍악을 아뢰도록 하고는 눈을 스르르 감고 귀를 기울였다. 그렇게 풍악을 들으며 밤이 깊어서 자는 듯 숨을 거두었다고 한다.

• 집권자의 호위대, 도방

고려 무인 정권기에 조직된 집권자의 사병 집단을 가리키는 말이다. 1179년(명종 9) 경대승이 자신의 신변 보호를 위해 처음 설치한 사병 집단제로서 원래는 사병들의 숙소를 가리키는 말이었다. 경대승은 다른 무인의 습격에 대비하고자 결사대 100여 명을 불러 모아 자기 집에 머물게 하고 이를 도방이라 불렀다. 경대승은 호위라는 목적을 넘어서서 반대파를 숙청하는 데도 도방을 활용했으며 가장 큰 정적인 허승을 죽인 후 스스로 경계를 풀었다. 그러나 경대승의 집권 동안 도방의 무리라고 자처하는 도둑이 들끓었고 잦은 민란이 발생했다. 도방은 1183년(명종 13) 경대승이 죽자 곧 폐지되었다.

경대승이 죽은 후 이의민을 제거하고 집권한 최충헌은 도방을 부활시켰다. 이전과는 비교도 할 수 없을 만큼 기능을 강화하고 규모를 키워 권신 정치의 바탕으로 삼기 위해서였다. 1200년(신종 6) 육번도방(六番都房)이란 이름으로 사병제(私兵制)를 권력 기구의 하나로 제도화했다.

최충헌의 뒤를 이은 최우(崔瑀)는 도방 병사들에게 더 많은 공적 임무를 부여했고 이후 최항(崔沆)도 도방을 적극 활용했다. 도방은 무신 정권이 끝나고서야 막을 내렸다(1270). 처음 설치된 지 100여 년 만이었다.

시대를 잘못 타고난 명문장가, 이규보

'유아무와인생지한(有我無蛙人生之恨). 이게 무슨 뜻일까?'

고려 중엽 때 명종이 야행을 나갔을 때의 일이다. 나그네 선비처럼 변장한 왕은 어느 허름한 시골 집 대문에 붙어 있는 글을 보고 고개를 갸우뚱했다. 문자 그대로 풀이하면 '나는 있으나 개구리가 없는 게 인생의 한'이지만 그게 도대체 뭘 의미하는지 알 수 없었기 때문이다.

하여 왕은 집주인을 불러 하루를 묵고 가게 해 달라고 요청했고, 집주인인 시골 젊은이는 처음엔 거절하다가 여러 차례의 청을 마지못해 받아들여 하룻밤 자고 가게 해 주었다. 왕은 여장을 푼 다음 집주인에게 물었다.

"그런데 '유아무와인생지한'이 무슨 뜻이오?"

집주인은 잠깐 망설이다가 이내 다음과 같이 설명해 주었다.

"아주 오랜 옛날 까마귀가 꾀꼬리에게 노래 시합을 청했습니다. 꾀꼬리는 황당했지만 기꺼이 응했고 3일 후에 두루미를 심판으로 하여 판정을 받자고 합의했습니다. 하여 이날부터 꾀꼬리는 목소리를 아름답게 가꾸고자 더 노력했지요. 하지만 어인 일인지 까마귀는 노래 연습을 하지 않고 엉뚱하게 개구리를 잡으러 돌아다녔습니다. 약속한 3일째 꾀꼬리와 까마귀가 노래를 한 곡씩 불렀고, 꾀꼬리는 승리를 자신했습니다. 그러나 이게 웬일, 두루미는 까마귀가 이겼다고 선언했습니다. 개구리 뇌물로 인해 그리 판정한 것이었지요."

"오호, 그런 이야기군요. 그런데 왜 그런 문구를 대문에 걸어 놓으셨소?"

"이 나라의 과거 시험 결과도 비슷하기에 그랬습니다. 실력이 뛰어남에도 불구하고 명문 가문이 아니거나 돈이 없어서 떨어지는 사람이 의외로 많단 말입니다. 휴."

사연을 들은 왕은 고개를 끄덕인 뒤 부드럽지만 강조해서 말했다.

"며칠 후에 임시 과거가 있다는 말을 들었는데 꼭 응시해 보오. 힘들다 해도 계속 도전해야 길이 생기지 않겠소."

"그렇긴 하지만……. 한 번 더 도전해 보지요."

다음 날 왕은 궁으로 돌아와 임시 과거를 즉각 시행하라고 명했다.

드디어 과거를 치르는 날, 시골 젊은이는 시제(詩題)를 보고 깜짝 놀랐다. 시제가 '유아무와인생지한'이었기 때문이다. 젊은이는 마음속으로 왕에게 감사 인사를 드린 다음 자신 있게 글을 써냈고 장원 급제했다고 한다.

이 이야기는 고려의 유명한 학자 이규보(李奎報, 1168~1241)에 관한 민담이다. 그렇다면 과연 과거에서 장원 급제한 후에 그의 인생은 순조로웠을까? 결론부터 말하자면 그렇지 않다. 그의 일생을 더듬어 보자.

이규보는 태어나자마자 큰 시련을 겪었다. 백일도 안 되었을 때 온몸에 종기가 퍼져 성한 데가 한 곳도 없을 정도였기 때문이다.

"으앙! 으앙!"

아이는 아파서 연신 울고, 그의 부모는 하나뿐인 아들을 행여 잃을까 봐 노심초사했다.

"이걸 어쩌나요? 이러다 이 아이 어찌 되는 것은 아닐까요?"

"정말 답답하고 애처로워서 도저히 쳐다볼 수 없구려."

"어디 용한 곳에서 점이라도 쳐 보면 어떨까요?"

"그렇게 해 봅시다."

부친은 송악사에 찾아가서 아이에게 어떤 약을 써야 할지와 아이가 무사할지에 대해 물어봤다. 다행히 '아이는 죽지 않으며 약은 쓸 필요 없다.' 는 점괘를 받았다. 부친은 그 말을 믿고 약을 쓰지 않은 채 그저 병이 낫기만을 기다렸다. 사실 무식한 조치였지만 병에 걸려도 제대로 치료받기 힘든 당시 의술을 감안하면 어쩔 수 없는 선택이기도 했다.

"아이를 안을 수가 없어요. 팔에 닿기만 해도 짓물러서 아파하니까요."

살갗이 곪고 문드러진 모습은 그야말로 처참하기 이를 데 없었다. 사정이 이러하니 유모는 아이에게 젖을 물리기조차 힘들어했다. 임시방편으로 유모는 밀가루 반죽을 팔뚝에 부친 채 아이를 안고 젖을 주었다.

그러던 어느 날 유모가 아이를 안고 대문 밖에 서 있는데 웬 노인이 지나가다 보고서 한마디 건넸다.

"아기 이름이 뭔가?"

"아직 이름이 없습니다."

"뭐라? 매우 귀한 상을 가진 아기인데 왜 이렇게 내버려 두는가? 부디 잘 기르시오."

노인은 걱정스러운 표정을 짓고는 휑하니 자리를 떠났다. 유모가 이상하게 생각하여 집으로 들어가 아이 아버지에게 그 말을 전했고, 아이 아버지는 급히 대문 밖으로 나가 삼거리까지 나가 보았으나 노인을 찾지 못했다. 아이 아버지는 노인을 보통 사람이 아닌 신령으로 생각하여 자기 아들을 더욱 귀히 여기면서 비로소 '인저'라는 이름을 지어 주었다.

인저는 무사히 고비를 넘기고 건강하게 자랐다. 여섯 살 이전에 글을 깨쳤으며 아홉 살 때에는 '기동(奇童)'으로 동네에 이름이 자자했다.

"글재주가 아주 뛰어난 아이야."

인저는 책 읽기를 좋아해 여러 고전을 읽었고 경사(經史)와 제자백가(諸子百家)는 물론 불서(佛書)와 도경(道經)까지 섭렵했다. 또한 암기력이 뛰어났고 상상력도 풍부했다. 하여 기존 형식에 구애받지 않고 시문을 자유롭고 창조적으로 지었다. 그가 여섯 살 때 지었다는 다음 시에서 그의 시재(詩才)를 능히 엿볼 수 있다.

꽃은 웃는데 소리가 들리지 않고, 새는 우는데 눈물은 보기 어렵다.
(花笑聲未聽 鳥啼淚難看)

하지만 자유분방한 예술가 기질이 문제였다. 그는 소년 시절부터 술을 좋아하여 자유롭게 지내면서 과거지문(科擧之文: 옛문장)을 하찮게 여기며 제한 없는 상상의 세계를 글로 쓰기를 좋아했다. 그런 정서는 고전 명문을 암기하고 기억해 내는 과거 시험에서 불리하게 작용했기에 그는 과거에서 두 번이나 잇달아 떨어졌다. 그럼에도 그는 19세 때에 죽고칠현(竹高七賢) 모임에 가끔 참석하여 울분을 달래면서 자유로운 창작열을 불태웠다. 죽고칠현은 중국 죽림칠현(竹林七賢)을 본받아 청담을 자처하면서 문학하는 일곱 사람(오세재, 임춘, 조통, 황보항, 함순, 이담지, 이인로)을 가리키는 말인데, 이규보가 이따금 이 모임에 드나든 것이다.

특히 **오세재(吳世才, 1133~?)**[1]는 나이가 35세나 차이 남에도 불구하고 이규보를 한 번 보자 친구로 교유했다. 이때 죽고칠현의 다른 사람들이 황당하다며 말렸으나 오세재는 "보통 아이가 아니며 훗날 반드시 이름을 날릴 사람"이라고 칭찬하며 개의치 않았다.

이규보는 어떤 상황에서도 시제가 떨어지자마자 시를 짓는 능력이 대단했다. 그에 대해 서거정은 『동인시화(東人詩話)』에서 이렇게 설명했다.

"어느 날 오세재, 김서정, 정문갑 등이 정자에 모여 시회(詩會)를 열었을 때 규보도 참여하게 되었다. 오세재가 시 302수를 발표하고 화답하라 하니 규보는 즉석에서 붓을 들고 시를 짓기 시작하였는데 문자가 어려우면 어려울수록 시상이 더욱 솟아나와 호탕하기 짝이 없어 비록 바람을 안은 돛대와 달리는 말이라도 그 빠름을 당할 수 없을 만치 시가 줄줄 흘러나왔으니 우리나라의 시인으로는 이 사람을 능가할 사람이 없는 독보적 존재였다. 옛사람의 시집에도 300수라 하면 몇 해 몇 날을 두고두고 지어도 못할 것인데 잠깐 동안에 이렇듯 빨리 지었으니 놀라지 않을 수 없는 신재(神才)이다."

그렇지만 20세 때 또 과거에서 떨어졌다. 『동국이상국집(東國李相國集)』 연보에서 밝혔듯, 과거지문을 익히지 않고 풍월만 일삼기를 좋아한 까닭이

---

[1] **오세재** : 고려 시대의 학자. 어려서부터 학문에 힘써 『육경』, 『주역』에 통달했고, 문장에 뛰어났다. 명종 때 문과에 급제했으나 끝내 벼슬에 오르지 못하였다. 이규보와 절친하였다. 『동문선』에 그의 오언율시 두 편, 칠언율시 한 편이 전한다.

었다.

이규보는 21세 때인 1189년 다시 과거에 도전했는데 이번에는 각오가 남
달랐다. 어느덧 약관의 나이를 지나고 보니 은근히 초조함을 느꼈기 때문이
다. 그 압박감으로 인해 그런지 과거를 앞두고 이상한 꿈을 꾸었다. 꿈 내용
은 대략 이랬다.

과거를 보러 가는데 신선처럼 보이는 사람들이 어느 집 마루 위에 둘러앉
아 술을 마시고 있었다. 뭔가 하고 다가가는데 옆 사람이 '이들은 이십팔수
(二十八宿)**다.' 라고 말했다. 깜짝 놀란 그는 두 번 절하고 물었다.

"이번에 제가 과거에 붙겠습니까?"

그러자 노인들 중 한사람이 그에게 다른 사람을 가리키며 '저 규성(奎星:
이십팔수 중 하나)이 알 것이니 그분에게 여쭈어라.' 고 말했다. 하여 규성이란
분에게 같은 질문을 했으나 대답을 미처 듣기도 전에 잠에서 깨었다.

"허 참, 꿈이었구나. 답을 들었으면 좋았을 텐데 정말 애석하구나."

혼잣말을 중얼거린 그는 혹시나 하는 마음으로 다시 잠을 청했다. 다행히
그는 꿈을 꾸었고 규성으로부터 대답을 들었다.

"그대는 과거에 틀림없이 장원 급제할 것이니 염려하지 말라. 그러나 이것
은 천기(天機: 하늘의 비밀)니 누설하지 말라."

이 일이 있은 후 그는 실제로 사마시(司馬試)에 장원 급제했고, 인저라는 이
름을 '규성이 알려 줌' 혹은 '규성에게 보답함' 이란 의미의 '규보(奎報)'로
고쳤다. 이어 이규보는 23세에는 예부시(禮部試: 고려 시대 과거의 최종 고시)에
응시하여 동진사(同進士)로 급제했다. 기대와 달리 낮은 등급에 배정되자 이
규보는 크게 실망하여 벼슬을 그만두려 했다. 하지만 부친이 엄하게 질책하

는 바람에 그러지 못했고 중앙 정부에서 출셋길도 걷지 못했다.

그는 24세 때 아버지를 여의자 개성 천마산에 들어가 백운거사(白雲居士)를 자처한 채 시를 지으며 장자(莊子) 사상에 심취했다. 흰 구름처럼 유유히 도를 닦겠다는 마음으로 시작에 몰두하던 이규보는 26세 때 혼란한 사회를 보고 깨달은 바가 있어서 '동명왕편(東明王篇)'[2]을 지었다.

우여곡절 끝에 이규보는 32세라는 늦은 나이에 관직에 나섰으나 그마저도 오래 하지는 못했다. 그에게는 문학적 명성만 있을 뿐이었다.

그러던 그에게 늦게나마 기회가 찾아왔다. 당시 실권자 **최우(崔瑀, ?~1249)**[3]가 연회를 크게 열고 모든 고관들을 초청한 자리에 이규보를 부른 것이다. 당시 이규보는 나이 46세에 8품(八品)의 낮은 직분이었는데, 문학 재능이 남다르다는 소문을 듣고 최우가 이규보를 시험해 보고자 했다.

"그대가 문장을 잘한다는 소문은 들었으나 아직 그 실상을 접해 보지는 못했다. 오늘 한번 시험해 보는 것이 어떻겠는가?"

최우는 **이인로(李仁老, 1152~1220)**[4]를 시켜 운(韻)을 부르도록 했다. 촛불을 시제로 40여 운에 이르는 시가 완성되자 최우는 크게 탄복했다.

"이 사람은 취한 다음이라야 시를 짓습니다."

다음 날 최우는 최고 실력자 최충헌에게 이규보를 소개했고, 최충헌 역시

---

[2] **동명왕편** : 1193년(명종 23)에 이규보가 지은 영웅 서사시. 오랜 역사와 전통을 지닌 문화 민족임을 재인식하는 입장에서 동명왕의 영웅적이고 성자적인 행위를 찬양하는 내용의 작품이다. 오언 장편 282구(句) 운문체(韻文體)의 한시로 총 약 4,000자에 이른다. 섬세하고 화려한 이 전설은 기사체(記事體) 문학의 선구적 위치에 있다.

[3] **최우** : 고려의 무신, 권신, 무인 집권기의 집권자. 1219년 추밀원부사로 아버지 최충헌의 뒤를 이어 집권하였다. 몽골의 침공이 있자 강화로 천도하여 몽골에 대항하였다. 1243년 국자감을 수축했으며 사재를 동원해 대장경판 재조를 완성케 했다.

[4] **이인로** : 고려 시대의 학자. 1180(명종 10)년 문과에 급제하였다. 우간의대부에 올랐고, 시문뿐 아니라 초서와 예서에도 능하였다. 작품에 시집 『은대집(銀臺集)』 『쌍명재집』, 수필집 『파한집』이 있다.

공작을 시제로 하여 직접 시험해 본 뒤 감동하여 말했다.

"어떠한 벼슬을 원하는지 뭐든 말해 보아라."

"제가 지금 8품에 있으니 7품만 제수해 주시면 좋겠습니다."

이규보가 예상보다 낮은 직급을 말하자, 최우는 나중에 물었다.

"왜 내가 눈치를 주었는데도 높은 벼슬을 말하지 않았는가?"

"저의 뜻이 그럴 뿐입니다."

이규보는 그러했다. 벼락출세보다는 자신의 문학적 능력을 인정받은 것에 만족했던 것이다.

이후 이규보는 외교 문서를 도맡아 썼으며 한편으로 자신의 창작 기질을 적극 발휘하여 많은 글을 남겼다. 그의 글은 추상적이거나 현학적이지 않고 생활에서의 체험을 바탕으로 관찰과 성찰을 담고 있다는 특징이 있다는 점에서 높이 평가받을 만하다. 예컨대 서사시 '동명왕편' 덕분에 우리는 『삼국사기』 외에 『구삼국사(舊三國史)』가 있었다는 사실을 알 수 있으며 그밖에 무궁화(無窮花), 축구(蹴球), 활자(活字), 화분(花盆), 장판(藏板) 등에 관한 시를 통해 사물의 내력, 민속, 문화 풍습 등에 관한 여러 가지를 알 수 있다. 이규보의 시 1,900여 수(首)가 역사적 자료로서 중요한 이유 역시 여기에 있다.

• 『동국이상국집』

고려 고종 28년(1241)에 펴낸 이규보의 종합 문집이다. 고구려 건국 신화를 기록한 '동명왕편'이 특히 유명하지만 다른 글들도 역사·문화적 가치가 매우 높다. 한 예를 들면 '여름에는 된장이, 겨울에는 김치가 있어야 한다.'라는 글을 통해 고려 시대에 이미 된장이 식용되었음을 알 수 있고, 백목련을 꽃봉오리가 붓처럼 생겼다고 하여 '목필화(木筆花)'라고 언급함으로써 당시 백목련을 뜰에 심어 감상했음도 알 수 있다. 그 외에도 자전적 전기인 『백운거사전』을 비롯해 거북을 의인화한 가전체 작품 『청강사자현부전』과 술을 의인화한 『국선생전』 등도 매우 흥미로운 작품이다.

한편 이규보는 문집에서 좋은 글을 쓰려면 다음과 같은 격(格)을 피해야 한다고 말했는데 지금 적용해도 옳은 지적으로 여겨진다.

- 어려운 글자를 일부러 골라 쓴다면, 이는 함정을 파 놓고 장님을 인도하는 격이다.
- 적합하지 않은 사연을 끌어다 쓴다면, 이는 강제로 남을 내게 따르게 하려는 격이다.
- 속된 말을 많이 쓴다면, 이는 시골 첨지가 모여 이야기하는 격이다.
- 기피해야 할 말을 함부로 쓴다면 이는 존귀함을 해치는 격이다.

•• 이십팔수(二十八宿)의 '宿'을 '숙'이 아니라 '수'로 읽는 까닭

이십팔수는 천구(天球)의 적도 근처에 있는 별자리를 총칭하는 말이다. 고구려 고분 벽화에 이십팔수가 그려져 있다. 고대 동아시아인은 달의 항성 공전 주기가 27.32일임에 착안하여 적도대를 28개 구역으로 나누고 각각의 구역을 수(宿)이라 했다. 수는 동서남북에 따라 편의상 일곱 개씩 묶어, 북방칠수, 서방칠수, 남방칠수, 동방칠수라고 했으니 이들을 합치면 이십팔수(二十八宿)가 된다. 일반적으로 '宿(잘 숙)'은 하룻밤 머문다는 뜻으로 쓰이지만 여기에서는 '지킴' 혹은 '별자리'라는 의미로 쓰이고 '수'라고 읽는다. 왜 그럴까?

하늘에는 움직이는 별과 움직이지 않는 별이 있는데, 옛사람들은 안 움직이는 별을 한자리에서 잔다고 생각했다. 하지만 사람처럼 눈감은 채 세상모르고 자는 게 아니라 신(神)으로서 그 자리를 지키며 세상을 굽어본다고 믿었다. 하여 '守(지킬 수)'의 개념을 더하면서 표기는 관습대로 '宿(숙)'으로 쓰고 발음만 '수'로 하게 되었다. 따라서 이십팔수에서의 '宿'은 '별자리 수'라는 의미로 통하고 있다.

수에는 그것을 대표하는 거성(踞星)이 있다. '거성'은 각 수에서 가장 밝아 초점이 되는 별을 말한다. 이규보와 관련 있는 '규성(奎星)'은 서방칠수의 거성으로 추분날 초저녁 동쪽 지평선 위로 떠오른다.

한편 우리가 정초에 행해 온 윷놀이의 판은 이십팔수를 형상화한 그림이다. 다시 말해 윷놀이는 하늘의 북극성을 중심으로 이십팔수를 도는 과정이며, 이십팔수를 한 바퀴 도는 것은 1년을 무사히 보내는 것을 상징한다.

손변의
지혜로운 판결

고려 제23대 왕 **고종**(高宗, 1192~1259)❶ 때 일이다. **손변**(孫抃, ?~1251)❷이 경상도 안찰부사로 있을 때 남동생과 누이 사이의 송사가 들어왔다. 손변은 두 사람을 불러 각자 입장을 밝히라 했고, 동생이 먼저 말했다.

"여러 해 전 아버지가 세상을 떠나면서 전 재산을 누나에게 물려준다는 유서를 남겼다고 합니다. 딸과 아들이 한 부모에게서 태어난 자식인데 어찌 누나 혼자 부모 유산˚을 가질 수 있습니까? 참으로 부당한 일입니다."

이에 누이가 말했다.

"아버지가 돌아가시면서 동생에게 검은 옷과 무자 하나, 짚신 한 켤레, 종이 한 장만을 주라고 하셨습니다. 이럴진대 자식 된 도리로써 감히 부모 뜻

❶ **고종** : 고려의 제23대 왕(재위 1213~1259). 제22대 왕 강종의 맏아들. 재위 시에 몽고의 침략을 당했다. 그리고 강화로 천도한 뒤 28년 동안 항쟁했으나, 결국 굴복하고 환도하였다. 몽고의 침입을 불력(佛力)으로 물리치기 위하여 팔만대장경을 조판하고 유학을 장려하는 등 문화적인 업적을 남겼다.

❷ **손변** : 고려 시대의 문신. 1212(강조 1)년에 과거에 급제하였다. 천안판관, 공역서승, 예부시랑 등을 거쳐 경상도 안찰부사가 되었다. 1226년 변방을 자주 침범하던 금나라 우가하 무리를 병마부사 김희제와 함께 출전하여 물리쳤다. 1251년에 수사공 상서좌복야에 이르렀다.

을 거스를 수 있사옵니까?”

　누이는 유언장까지 제시하면서 돈이 탐나서가 아니라 부모의 가르침에 따른 일임을 호소했다. 둘의 입장을 모두 들은 손변은 누이에게 당시 두 사람의 나이를 물었다.

　“그때 저는 혼인하여 남편이 있는 몸이었고, 동생은 일곱 살로 너무 어렸습니다.”

　그러자 손변은 다음과 같이 말했다.

　“자식에 대한 부모의 마음은 똑같으니라. 아들이든 딸이든 마찬가지이니 어찌 다 자라 결혼한 딸에게는 넉넉히 대하고, 어린 아들에게만 인정 없이 하겠느냐. 너희 아버지 뜻은 아직 어린 아들이 믿고 따를 사람은 누나밖에 없으니, 만약 똑같이 재산을 나눠 준다면 누나가 책임감을 느끼지 못해 동생을 제대로 양육하지 않을까 걱정한 것이다. 그러므로 아이가 크면 검은 옷을 입고 검은 모자를 쓰고 짚신을 신고 이 종이에 탄원서를 써서 관청에 가서 말하면 너희들의 일을 잘 판단해 주리라 생각하여 네 가지 물건을 남겨 준 것이다. 이 같은 아버지의 깊은 마음을 이해하여라.”

　손변은 재산을 반씩 나눠 가지라는 말을 덧붙였고, 이에 누이와 남동생은 부둥켜안고 울면서 그 뜻을 받아들였다고 한다. 부모 없이 살아가야 하는 두 자식에 대한 속 깊은 배려도 대단하거니와 그걸 짚어 낸 손변의 지혜로운 판결은 두고두고 역사에 남게 되었다.

　한편 손변은 아내를 사랑하는 마음이 지극하여 이름을 바꾸기까지 했다. 그 사연은 이러하다.

　“당신은 나의 계보가 천한 탓에 유림(儒林)의 청요직(清要職: 중요한 관직)에 오르지 못하니 나를 버리고 세족(世族)에게 장가드십시오."

어느 날 아내가 손변에게 진심 어린 표정으로 말했다. 손변의 아내는 왕실 핏줄이기는 하나 서족(庶族)이었는데, 이는 신분제 차별 관행이 무척 엄격한 시대에 명백한 결격 사유였음을 감안한 말이었다. 그 무렵 아무리 능력이 뛰어나도 서족 여자와 결혼한 남자는 요직에 등용되지 못했고, 능력이 부족해도 지체 높은 집안 여자와 결혼한 남자는 손쉽게 고위직에 진출하는 게 현실이었다. 하여 출세하고자 이미 결혼한 아내를 버리고 지체 높은 집안 여자와 정략적으로 결혼하는 남자들이 많기도 했다. 당시 손변은 업무 처리 능력이 뛰어나다는 평가를 받았음에도 불구하고 그 점으로 인해 한직에 머무르고 있자, 손변 아내가 자기희생을 각오하고 남편에게 정실(正室) 집안 딸과 재혼하라 권유했던 것이다.

이에 대해 손변은 여유로운 표정으로 웃으면서 대답했다.

"나의 벼슬길을 위하여 30년 조강지처를 버린다는 것은 차마 할 수 없는 일이오. 더구나 자식까지 있지 않소. 허허허."

강직한 성품의 손변은 관리로서의 출세보다 아내와의 인간적 동행을 선택했으며 얼마 후 그 점을 명확히 보여 주었다. 그는 그때까지 사용하던 본래 이름 '습경(襲卿)'을 버리고 '抃(손뼉 칠 변)'이라 개명했던 것이다. 습경은 '벼슬(卿)을 잇다(襲)'라는 뜻이고, 변은 '손뼉 치다'라는 뜻이니 손뼉을 치기 위해서는 두 손이 필요한 것처럼 부부는 결코 떨어질 수 없는 공동 운명체임을 강조한 이름이었던 것이다. 그리하여 손습경은 손변이라는 이름으로 역사에 남겨지게 되었다.

• 고려 시대에는 아들딸에게 어떻게 유산을 분배했을까

사람은 몹쓸 질병에 걸리거나 사고가 나면 혹은 나이가 들면 누구나 죽는다. 죽은 뒤에는 저 세상으로 아무것도 가지고 갈 수 없다. 그럴 경우 그 사람이 남긴 걸 유산(遺産)이라고 하는데, 일반적으로는 '죽은 사람이 남겨 놓은 재산'을 가리킨다.

유산을 어떻게 처리하느냐는 전적으로 죽은 사람의 뜻에 달려 있다. 대개는 자식에게 물려주지만 사회의 불우한 이웃들을 위해 써 달라고 부탁하는 이도 드물지 않다. 그런데 유서나 유언을 남기지 않으면 유산 분배를 둘러싸고 갈등이 일어나기 쉽다. 사람들 욕심이 의외로 크기 때문이다.

고려 시대의 경우 아들딸을 가리지 않고 똑같이 나눠 주었다. 부모 유언이 없을 때도 마찬가지였다. 쉽게 말해 남녀를 차별하지 않았으며, 이런 관습은 호적에도 반영되어 족보에 올릴 때 태어난 순서대로 이름을 적었다. 나이에 상관없이 아들을 먼저, 딸을 나중에 기록하는 관행은 조선 후기에 이르러 일반화된 것이다. 고려에서는 여자도 호주가 될 수 있었다.

고려인의 평등 의식은 권리에만 국한되지 않았다. 아들딸이 차별 없이 부모에게 혜택을 받는 것처럼, 자식 역시 성별에 관계없이 부모에게 효도를 해야 했다. 결혼한 딸이라고 부모를 외면하면 사회적으로 손가락질을 당했고, 딸, 사위 부부와 함께 사는 장인, 장모도 흔했다. 부모가 죽은 뒤에는, '윤행'이라 하여 아들과 딸이 번갈아 가며 제사를 지냈다. 요컨대 고려 사회는 부모와 자식 관계를 살아서나 죽어서나 최선을 다하는 공동 운명체로 여겼고 그걸 생활 속에서 실천했다.

이처럼 아들딸 차별을 두지 않는 유산 상속은 고려 시대를 거쳐 조선 시대 중엽까지 이어졌으나 유교 문화가 지나치게 엄격히 강조되면서 남성우월주의로 변질되어 조선 중엽 이후에는 아들에게로 국한되었고 조선 말엽에는 아들 중에서도 맏아들에게 더 큰 몫을 남겨 주기에 이르렀다.

억울한 죽음과 재혼 그리고 황당한 죽음

1227년의 일이다. 점술가로 행세하는 주연지가 당대 실권자 최우의 얼굴을 보고는 조심스럽게 말했다.

"금왕(今王)은 실위(失位)할 상(相)이 있고 공(公)은 왕후(王侯)의 상(相)이 있으니 천명(天命)이 있는 바를 가히 피할 수 있겠습니까?"

"음……."

주연지는 아부로 한 말이었지만 그 말은 최우의 귓가를 맴돌았다.

'어차피 지금 왕은 허수아비인데 내가 왕을 못할 것도 없지.'

충동성 발언에 혹한 최우는 신임하는 대장군 **김희제**(金希磾, ?~1227)[1]에게 자신의 관상 이야기를 털어놓으며 반응을 살폈다. 지혜와 용기를 겸비한 김희제는 최우에게 신중한 처신을 에둘러 말한 다음 그 길로 주연지를 만나 따

---

[1] **김희제** : 고려의 무신. 고종 때 금나라 우가하가 군대를 이끌고 서북 지방에 침입하자 그것을 물리치고, 압록강을 건너 석성(石城)을 공략하여 항복을 받는 등 국토 방어(防禦)에 공을 세웠다. 전라도 절제사로 있을 때, 최우를 해하려 했다는 모함을 받아 세 아들과 함께 바다에 빠져 죽었다.

지듯 물었다.

"그대가 최 공(최우)에게 정말로 그런 말을 했소?"

"어허 누가 그러더이까?"

"내가 최 공에게 직접 들었으니 사실대로 말하시오!"

"허어 그것 참……."

김희제에게 추궁을 당한 주연지는 대충 둘러댄 뒤 최우에게로 가서 안타까운 듯 말했다.

"천기가 누설되어 행여 화를 입을까 두렵습니다."

주연지는 나름 머리를 써서 입조심을 당부한 것이었으나 그 말이 최우의 심기를 건드렸다. 누가 감히 자기에게 화를 끼친다 말인가? 주연지가 돌아간 뒤, 최우는 다른 이에게 주연지가 자기를 모욕했다고 말하며 매우 불쾌해했다.

"그놈 말이 생각할수록 기분 나쁘구나."

소문은 빨라서 순식간에 모함이 쇄도했다. 평소 점술가 주연지와 대장군 김희제를 시기하던 이들이 틈을 놓치지 않고 거짓 밀고를 해 온 것이다.

"상장군 노지정과 대장군 금휘와 김희제가 주연지와 더불어 선왕(희종) 복위 음모를 꾸미고 있습니다."

마음이 크게 상해 있던 최우는 밀고를 사실로 받아들여 즉각 주연지의 집을 몰수한 뒤 주연지는 물론 노지정과 금휘를 바다에 빠뜨려 죽였다. 김희제의 세 아들도 바다에 빠뜨려 죽였다. 그때 김희제는 나주에 있었는데 그 소식을 듣고 스스로 바다에 뛰어들어 생을 마감했다. 문무를 두루 갖춘 명장 김희제가 허무하게 죽은 것이다.

이 일로 김희제의 아들 중 한 명인 김홍기가 죄 없이 죽자 그의 아내는 크게 낙담하여 슬픔에 빠졌다. 상장군 **조염경(趙廉卿, ?~?)[2]**은 최우의 충복 중한명이었으나 이 일로 난감해졌다. 억울하게 죽은 김홍기가 바로 사위였지만 누구에게도 하소연할 수 없었기 때문이다. 그렇다고 딸의 슬픔을 그냥 두고만 볼 수는 없어서 불쌍한 사위의 명복을 빌며 집안사람 모두에게 소식(素食: 고기반찬 없이 먹는 밥)을 하도록 했다.

그로부터 며칠 후 어느 잔치 자리에서 최우는 조염경을 유심히 바라보다가 물었다.

"어찌 고기를 먹지 않는가?"

"네, 집안 내력이 원래 소식을 하기 때문입니다."

조염경은 당황한 기색을 감추고 이렇게 대답했지만 최우는 낯을 붉히며 조염경을 엄하게 꾸짖었다.

"뭐라? 내 그 내력을 모를 줄 아느냐? 만일 다른 뜻을 품은 게 아니거든 어서 새 사위를 들이라."

"……."

"알았느냐?"

"네, 알겠사옵니다."

조염경은 집으로 돌아와 딸에게 말했다.

"조만간 낭장 윤주보와 혼례를 올리도록 해라."

---

❷ 조염경 : 고려의 무신. 1219년 의주에서 별장 한순(韓恂), 낭장 다지(多智)가 반란을 일으키자 진압했고 이듬해 윤창(尹昌) 등의 반란을 다시 진압하였다. 1222년 우군병마사로서 정주(靜州)에 침입한 동진군(東眞軍)을 토벌하였다. 1232년 추밀원부사(樞密院副使)로서 중군진주(中軍陣主)가 되어 어사대 하인 이통(李通)의 반란을 진압하였다.

"네에? 무슨 말씀이옵니까?"

재혼(再婚)*하라는 말에 조염경의 딸은 울며 호소했다.

"너무하옵니다. 지아비가 죽은 지 이제 며칠 되지도 않았거늘 어찌 제 뜻을 빼앗고자 하십니까?"

조염경은 마음속으로 딸의 심정을 충분히 헤아렸지만 최우의 보복이 두려워 딸에게 거듭 재혼을 강요했다.

"더 이상 아무 말 말고 아비가 시키는 대로 해라."

"아버님, 왜 갑자기 수절을 못 하게 하시옵니까?"

"어허, 아무 말하지 말래도!"

하여 일사천리로 혼례 절차가 진행됐고, 조염경 딸과 윤주보는 드디어 혼인 첫날밤을 치르게 되었다.

그런데 그날 밤 윤주보의 꿈에 김홍기가 나타나서는 고환을 세게 걷어차는 것이 아닌가.

"으악!"

윤주보는 비명을 지르며 잠에서 깼고, 아랫도리가 실제로 얻어맞은 것처럼 무척 아픈 것을 느꼈다. 윤주보는 아파서 끙끙거리고는 더는 잠을 이루지 못했다. 그런데 이튿날 아침 윤주보는 죽은 몸으로 발견되었다.

조염경은 연거푸 사위를 잃은 처지가 되어 황당했다. 어쩌면 윤주보의 죽음은 조염경의 딸이 벌인 음모일 가능성이 있다. 하고 싶지 않은 재혼에 대한 반항이 살인을 감행하게 했으리라 여겨진다.

• 고려 시대 여인은 재혼할 자유가 있었을까

결론부터 말하자면 고려 시대 여인들은 18세를 전후하여 혼인이 가능했고, 남편이 죽으면 재혼할 수 있었다. 짝을 잃은 여자의 재혼은 부끄러운 일이 아니라 자연스런 일로 여겨졌으며 신분에 관계없이 자유롭게 행해졌다. 누구의 눈치도 볼 필요가 없었다. 스스로 수절하며 살든지, 다른 남자와 결혼하여 살든지 전적으로 개인이 결정할 일이었다. 만약 전 남편과의 사이에 자식이 있을 경우에는 아이들을 데리고 재혼하는 게 일반적이었다.

심지어 재혼하여 왕비가 된 여자도 있었다. 충숙왕의 다섯 번째 부인인 수비 권씨는 남편을 못마땅하게 여겨 이혼한 후 왕비가 됐고, 충렬왕의 후궁인 숙창 원비는 남편을 여읜 후 왕과 재혼하였으며, 충선왕의 여덟 왕비 중 한 명인 순비 허씨는 전 남편 사이에 낳은 3남 4녀를 데리고 재혼한 바 있다.

고려 시대의 가족은 부계, 모계를 더불어 중시했기에 조선 시대처럼 유난스레 부계 혈통을 강조하고자 여성의 재혼을 가로막지 않았던 것이다.

같은 맥락에서 고려 시대에는 이혼도 비교적 자유로웠다. 대체로 남성이 여성보다 더 많이 이혼을 요구했다. 그 대부분은 신분 상승을 꾀하고자 조강지처를 버리고 가문 좋은 집안 여자와 재혼하기 위해서였다. 하여 말단 관직에 있는 젊은 남자에게 친구들이 아래와 같은 말을 하는 경우도 많았다.

"재혼은 영광스런 일이라네. 대개 부인을 바꿔 부를 구하는데, 그대가 만약 새장가를 간다면 부잣집 중에서 누가 딸을 주지 않겠는가?"

이처럼 고려 시대에는 남편과 부인 어느 쪽이든 이혼을 요구할 수 있었으나 이유 없는 이혼은 허용되지 않았다. 또한 법적으로 부모 양해 없이 이혼하거나 아무 까닭 없이 아내를 버리는 자는 관직에서 파직되고 유배당했다.

내기 바둑과
신들린 거문고

고려가 원나라로부터 간섭을 심하게 받던 13세기 말엽, **홍자번**(洪子藩, 1237~1306)[1]은 국왕에게 '편민십팔사(백성을 편하게 해주는 열여덟 가지 일)'라는 개혁안을 올리는가 하면 왕을 모시고 원나라를 다녀오는 등 여러모로 나라를 위해 애썼다.

그에게는 홍순(洪順)이라는 아들이 있었는데 바둑을 몹시 좋아해서 틈만 나면 누군가와 내기를 걸고 바둑을 즐겼다. 홍순은 이순(李淳)이라는 사람과 종종 내기 바둑을 두었으며 항상 홍순이 이겨서 물건을 차지했다.

"오호, 이 그림 좋구먼. 내기에 이겨서 그러지 기분은 더욱 좋고."

"내일 바둑을 다시 둡시다."

"그거 좋지요."

---

[1] **홍자번** : 고려의 문신. 1278년(충렬왕 4) 밀직사지사가 되어 왕을 따라 원나라에 갔으며, 원나라의 일본 정벌을 위한 전함의 수조(修造)를 담당하였다. 1281년 '편민십팔사'라는 개혁안을 올렸다. 충렬왕과 충선왕 사이를 이간시킨 오기(吳祈), 석천보(石天輔)를 잡아서 원나라에 보내는 등 왕의 부자(父子)를 화해시키는 데 노력하였다.

이후에도 여러 차례 내기 바둑을 두었지만 역시 홍순이 이겼다. 결국 이순은 가지고 있던 좋은 그림이나 서예 작품을 모두 내주고 말았다. 이순은 자존심이 상해서 계속 내기 바둑을 했으나 실력으로 도저히 홍순을 당해 내지 못했기 때문이다.

"마지막으로 한 번만 더 둡시다."

"이번에는 뭘 걸겠소. 보아하니 서화(書畵)는 바닥난 것 같은데……."

"내기에 진다면 저기 현학금(玄鶴琴: 거문고)을 드리지요."

하지만 이순은 내기에 또 져서 현학금을 어쩔 수 없이 내주어야 했다. 이순은 다른 건 몰라도 유난히 아끼는 **거문고***인지라 마음이 싱숭생숭하여 한마디했다.

"이건 대대로 내려온 우리 집 가보라오. 벌써 200년이 되어 신이 붙어 있으니 잘 간직하시오."

"무슨 거문고에 신이 붙는단 말이오. 그런 농담 마시오."

홍순은 내기 바둑으로 차지한 물건이라 집에 가져다 놓기는 했으나 어쩐지 마음이 불안했다. 워낙 겁 많은 성격이어서, 이순의 농담 같은 말이 마음에 걸린 까닭이다. 그해 겨울의 어느 날, 날씨가 몹시 추워 거문고의 줄이 잔뜩 얼어 있을 때 바람이 슬쩍 지나가자 스르렁 소리가 났다. 대낮이라면 잘 들리지 않을 소리였으나 조용한 한밤중이라 소리가 방 안에 크게 울렸고, 누워 있던 홍순은 깜짝 놀라 벌떡 일어났다.

"어허, 거문고가 드디어 도섭을 부리는구나."

'도섭 부리다' 는 말은 '모양을 바꿔 다른 모습으로 변하다' 라는 뜻이니, 홍순은 거문고에 귀신이 들려 뭔가로 변신하려는 걸로 오해한 것이다. 하여 홍순은 **복숭아 가지**⠀⠀로 거문고를 마구 때리며 귀신을 내쫓으려 몸부림쳤다.

"귀신아, 썩 물러가라!"

홍순은 어둠이 걷힐 때까지 복숭아 가지를 휘둘렀으며, 날이 밝자 즉시 이순에게 가서 거문고를 돌려주려 왔다고 말했다. 그러나 이순은 얼굴이 벌겋게 달아오르고 눈이 벌건 홍순의 표정을 보고는 상황을 짐작하여 빙긋 웃더니 딱 잡아뗐었다.

"난 그걸 받지 못하겠소이다. 원래 신이 붙은 괴물이었는데 떠맡을 사람이 생겨 다행으로 여겼다오. 그런데 왜 그걸 도로 받겠소?"

홍순은 예상과 다른 이순의 반응에 당황하여 사정하듯 말했다.

"미안하오. 내 이제까지 내기에서 받은 서화를 모두 돌려드릴 테니 제발 거문고를 받아 주시오."

그러자 이순은 홍순을 천천히 바라보더니 마지못한 듯 말했다.

"정말 돌려받고 싶지 않지만, 정 그렇다면 받아들이리다. 거문고가 가보만 아니라면 그대 사정을 봐줄 일이 아니지만……."

"고맙소. 내 당장 모두 가져다드리리다."

홍순은 그 길로 집으로 달려가서 즉각 되돌려주었다고 한다. 고려 말엽 학자 이제현의 『역옹패설』에 나오는 일화로, 홍순은 내기 바둑에는 이겼으나 꾀로는 지고 만 셈이다.

• 왜 선비들은 거문고를 좋아했을까

거문고는 여섯 줄 현악기로, 고구려의 왕산악이 중국 진나라의 칠현금을 참조하여 만들었다고 전한다. 왕산악이 100여 곡을 지어서 연주하자 검은 학이 날아들어 춤추었기에 '현학금'이라는 이름이 붙었고 뒤에 '현금'으로 줄여서 말했다. 그런데 고구려 고분 벽화에 거문고 원형으로 보이는 악기 그림이 있는 걸로 미루어 진나라 이전에 고구려에서 독자적으로 만든 걸로 짐작된다. 어쨌든 왕산악은 거문고를 체계적으로 발전시킨 음악가임에는 분명하다.

가야금이 높고 가벼운 소리를 내는 데 비해 거문고는 소리가 낮고 굵직해서 남성적 느낌을 풍긴다. 차분한 성격의 선비들은 그 소리에서 청복(淸福)을 느껴 좋아했다. '청복'이란 물질이나 명예에 대한 욕심을 버리고 맑은 마음에서 얻는 행복을 가리키는 말이다. 하여 탐욕을 멀리하고자 하는 선비는 거문고를 연주하며 그 소리에서 평화로운 기분을 맛보곤 했다. 고려 시대 학자들은 물론 조선 시대 선비들도 거문고를 한 대씩 갖고 있으면서 틈나는 대로 연주했다.

거문고는 '뜬금없이'라는 말까지 낳을 정도로 선비의 필수품처럼 여겨졌다. '뜬금없이'의 '금(琴)'은 거문고를 의미한다. 거문고를 연주하려면 왼손으로 줄을 짚은 채 오른손으로 술대(단단한 막대기)를 잡아 줄을 뜯거나 튕겨야 한다. 팽팽한 줄을 누르자면 상당한 힘이 필요하므로 거문고는 여자보다 남자에게 적합하며, '뜬금'은 거문고를 술대로 뜯거나 튕기는 상황을 나타낸 말이다.

따라서 '뜬금없이'는 '뜯어야 할 금(거문고) 없이'의 줄임말로, 소리는 들리는데 거문고가 보이지 않는 괴이한 상태나 거문고도 준비하지 않은 채 소리를 내겠다는 엉뚱한 태도를 표현한 말이다. 거문고가 없는데 소리가 나면 의심스럽고 괴이하므로 '뜬금없이' 혹은 '뜬금없는 소리'라는 말은 '(상황에 맞지 않게) 엉뚱하게', '난데없이'라는 뜻으로 쓰이고 있다.

•• 홍순이 거문고를 복숭아 가지로 마구 때린 까닭

홍순은 왜 밤새도록 거문고를 복숭아 가지로 때렸을까? 뭔가 집을 게 그것밖에 없어서 그랬을까? 복숭아 가지에는 귀신을 내쫓는 힘이 들어 있다고 한다. 거기에는 다음과 같은 유래가 있다.

중국의 옛 책 『산해경』에 따르면, 도삭산의 동북 지역에는 무수히 많은 귀신이 살고 있었다고 한다. 그곳에는 사방 3,000리에 걸쳐서 가지를 뻗은 커다란 복숭아나무가 있는데, 그 동북쪽으로 뻗은 가지에 문이 있었다. 밤이 되면 그 문으로 귀신들이 출입하며 나쁜 짓을 일삼았으므로, 하느님이 신다와 울루라고 하는 무서운 두 신을 파견하여 그 문을 지키게 했다. 두 신은 나쁜 귀신을 잡아서 갈대 오랏줄로 묶고 복숭아나무로 만든 화살로 쏘아 죽여서 호랑이 먹이로 주었다. 이후 귀신들은 복숭아나무만 보아도 질겁했다고 한다.

이 전설에 따라 사람들은 복숭아 가지를 귀신 쫓을 때 사용하곤 했다. 우리 민족 역시 그렇게 믿었기에, 홍순처럼 겁 많은 사람들은 방 한쪽에 복숭아 가지를 놓아 두어 무서운 귀신을 물리치려 했고, 귀신이 근처에 있다고 느꼈을 때 복숭아 가지를 휘둘렀다. 홍순에게 있어서 복숭아 가지는 일종의 방범 도구였던 셈이다.

최우의 딸과 사위는
피장파장

최우는 아버지 최충헌의 뒤를 이어 무인 집권기의 실력자로 고려를 다스린 인물이다. 뒤에 이름을 이(怡)로 개명했으며, 30년간 집권하면서 최씨 정권의 기반을 튼튼히 다졌다. 최우에게는 애첩 서련방에게서 낳은 만종(萬宗)과 만전(萬全)이라는 두 아들이 있었지만, 서자를 후계자로 삼기를 꺼림칙하게 생각하여 사위 **김약선**(金若先, ?~?)[1]을 후계자로 내정했다. 최우는 김약선을 추밀원부사로 삼아 일찍이 군권(軍權)을 내주면서 굳은 신임을 보내는 한편 후계자에서 밀린 두 아들은 지방 사찰로 보내 승려로 지내게 했다. 그러나 엉뚱한 일로 인해 모든 계획이 틀어졌으니……

절대 권력자인 최우의 딸, 즉 김약선의 아내가 평지풍파의 주인공이었다. 김약선의 아내는 대단히 거만하고 드센 여자로서 질투 또한 많아 남편을 손

---

[1] **김약선** : 고려의 문신. 최우의 사위. 임금이 거처하는 내전을 수리할 때 고종이 그의 집을 임시로 사용할 정도로 총애를 받았다. 1235년 딸이 원종의 비가 되었다. 최우의 부중(府中) 여자들과 음란한 짓을 자행했다. 이를 안 아내의 무고(誣告)로 최우에게 살해되었다.

안에 쥐고 살아야 만족하는 성격이었다. 사정이 그러하니 김약선은 아내 눈치를 살피며 쥐여살아야 했는데 그에 대한 불만을 여색으로 풀곤 했다. 김약선은 상대 여성이 누구인지 따지지 않고 함부로 범하기 일쑤였다. 김약선은 심지어 최우의 여자들을 **망월루(望月樓)*** 모란방(牡丹房)에 모아 놓고 음란한 짓을 벌이기까지 했다. 하지만 세상에 비밀은 없는 법. 그 일이 밖으로 새어 나갔다.

"이건 둘도 없는 기회야. 잘 이용하면 우리 신세를 펼 수 있을 거야."

한때 최우의 애첩이었으나 바람피운 일이 들통 나서 쫓겨난 안심(安心)과 그의 연인 김준은 이구동성으로 말했다. 안심은 서련방을 찾아가 만전이 후계자가 되게끔 할 만한 계책이 있다며 환심을 산 다음 즉각 그 음모를 실행에 옮겼다.

안심은 김약선의 아내에게 문안차 인사를 왔다면서 은근히 말을 흘렸다.

"부사 어른께서 망월루 모란방에서 여러 계집애들과 한바탕 놀았다고 하네요."

"뭐라? 모란방에서 계집질을 했다고? 어떤 년들인데?"

김약선의 아내가 바짝 독이 올라 물어오자, 안심은 속으로 흐뭇한 미소를 싯고 겉으로는 염려스러운 표정을 지으면서 말했다.

"글쎄 일곱 처녀들을 벗겨 놓고 춤추게 했다고 하네요."

"젊은 년들을 일곱이나? 그래 춤만 추었대?"

"그 뒤는 말씀드리기가 좀 뭐하네요."

"내 이놈을 당장……."

김약선의 아내는 참을 수 없다는 듯 자리에서 벌떡 일어났다. 그러자 안심은 김약선의 아내의 소매를 살며시 잡아당기면서 말리는 척 더욱 불을 지폈다.

"고정하시와요. 섣불리 나서면 낭패를 볼 수도 있거든요."

"내가 뭐? 낭패를 볼 수 있다고?"

"네. 제 얘기를 마저 들어 보세요. 누군가 부사 어른의 놀이를 과한 게 아니냐고 걱정스레 말하자 부사 어른께서 이렇게 말하셨대요."

"그 상황에서도 주둥이를 놀렸다고? 그래 뭐라 지껄였다더냐?"

"'친정 세도를 믿고 종놈과 밀통한 이도 있는데 내가 이 정도도 못 하겠는가.'라고 말씀하셨대요."

그 말에 김약선의 아내가 뜨끔한 표정을 지었다. 그건 바로 자기를 두고 한 말이었기 때문이다. 더구나 그 말은 사실이었다. 김약선의 아내는 잘생긴 종놈과 정을 나눈 적이 있었고, 김약선은 그에 대한 반발로 최우의 여자들을 건드린 것이었다.

"원, 별 해괴한 소리를 다 듣겠네."

김약선의 아내는 시치미를 떼었지만 그 목소리에는 두려움이 스며 있었다. 안심은 김준으로부터 그런 이야기를 들었어도 반신반의했는데 김약선의 아내의 태도를 보며 사실임을 확신했다. 하여 안심은 살짝 협박 투로 한마디 더 했다.

"저는 잘 모르겠지만 소문이 그러하니 많이 속상하시겠지만 잘 생각해서 처신하세요. 그럼 저는 이만 물러갈게요."

안심이 인사하고 나가자, 김약선의 아내는 안절부절못하면서 갈등에 빠졌다.

'아니 내 일을 어떻게 알았지? 아무도 알 수 없는데……. 그건 그렇고 소문이 퍼져 아버지 귀에 들어가면 어떡하지?'

김약선의 아내는 남편 행실에 대한 분함보다 자기 처지에 대한 불안감으로 우왕좌왕하다가 무슨 생각에서인지 아버지 최우에게로 달려갔다.

"아버지! 엉엉엉!"

"아니, 갑자기 왜 우느냐? 무슨 일이 있느냐?"

"전 더 이상 살고 싶지 않아요."

"왜 또 약선이가 바람을 피웠더냐?"

최우는 남자의 바람기를 어느 정도 용인하는 성격이었기에 대수롭지 않다는 듯 가볍게 물었다.

"이제는 이력이 나서 웬만한 바람에는 그러려니 해요. 하지만 이번은 달라요. 아버님 집안사람들인 부중(府中) 젊은 계집을 일곱이나 골라서 모란루에서 벌거벗기고 놀았대요."

"뭐라고?"

평온한 표정으로 딸의 이야기를 듣던 최우의 얼굴에 갑자기 노기가 서렸다. 장차 후계자로 키워 주고 있건만 그런 김약선이 언감생심 자기 여자들을 선드렸냐는 말에 괘씸함을 느낀 깃이다.

"그놈이 쓸 만한 줄 알았는데 아주 형편없는 놈이구나."

최우가 크게 화난 걸 본 최우의 딸은 없는 말을 곁들여 화를 부채질했다.

"거기에서 그치지 않고, 주변에서 말리니까 세상에 두려울 게 없다고 말하더래요. 이제 장인의 시대는 지났고 자기 세상이라면서요."

"그놈이 완전히 간이 부었구나."

"아무리 잘해 줘도 남은 소용없어요. 믿을 건 핏줄뿐이라고요."

"하지만 이미 후계자로 굳혀 놓은 일을 어찌 하겠느냐?"

"가만두면 큰일 나요. 다른 일을 꾸미고 있는 게 분명하거든요."

"다른 일? 그놈이 내 자리를 넘본다는 말이냐?"

"뭘 망설이세요. 만종이나 만전을 불러 곁에 두시고, 김약선 그놈은 말썽 부리기 전에 없애 버리세요."

김약선의 아내는 자기 부정이 탄로 날까 두려운 마음에 남편을 죽이라고 선동했고, 최우는 딸의 충동질에 말려들어 결단을 내렸다. 그는 권력 투쟁에서 동생 향(珦)도 제거한 잔혹한 인물이었기에, 즉시 사람을 보내어 김약선을 죽이게 했으니 제2인자 김약선은 영문도 모른 채 세상을 떠나야 했다.

김약선이 갑작스럽게 제거되었지만 만종과 만전은 순조롭게 후계자로 되지는 못했다. 그 무렵 만종은 진주 단속사, 만전은 화순 쌍봉사 주지로 각기 내려가 있으면서 각각 경상도와 전라도에 있는 최씨 가문 농장을 관리하고 있었다.

그런데 두 아들은 단순히 재산을 관리하는 데 그치지 않고 수많은 토지를 빼앗고 높은 이자의 고리대를 하는 등 부정과 횡포를 일삼았다. 권세가의 아들을 말리는 이는 아무도 없었고 일부 승려들은 그 앞잡이 노릇을 하여 원성을 자아냈다. 이로 인해 민심이 흉흉해지자 경상도 순문사 송국섬과 형부상서 김훤이 용기를 내어 최우에게 다음과 같이 직언했다.

"몽고와 전쟁 중인 지금 형제가 백성 재산을 멋대로 빼앗아 남쪽 민심이 매우 나쁩니다. 즉각 두 아들을 부르시고 죄질 나쁜 승려들을 벌주시기를 간청합니다."

최우는 그 직언을 받아들여 두 아들을 불러 야단쳤다. 이에 두 아들은 눈물을 흘리며 억울하다는 듯 말했다.

"참으로 억울합니다. 돈놀이를 하고 땅을 빼앗다니요? 저희는 백성의 아픔을 어루만져 주었을 뿐 결코 그런 일을 하지 않았습니다. 이러다 저희 형제는 죽을 자리도 찾기 어려울 것 같습니다."

두 아들이 눈물로 하소연하자 최우의 마음이 바뀌었다. 거기에는 김약선에 대한 배신의 상처가 크게 작용했다.

'남의 말을 다 믿을 순 없지. 내 아들들이 그럴 리 없어.'

최우는 부자 사이를 이간했다는 죄목으로 송국섬은 좌천시키고 김훤은 유배를 보냈다. 그리고 만전을 환속시킨 다음 이름을 항(沆)이라고 고치고 후계자로 삼았다. 이로써 최우의 후계자는 **최항**(崔沆, ?~1257)^❷으로 굳어졌다.

1248년 최우는 최항에게 추밀원지주사에 임하고 자기 가병 500여 명을 나누어 주었다. 이듬해 최우가 죽자 최항은 그 권력을 물려받았지만 잦은 연회와 사치스런 생활을 일삼다가 10년도 지나지 않은 1257년에 병으로 죽었다.

❷ **최항** : 고려의 권신. 최우의 아들. 창기의 자식으로 송광사에서 승려가 되어 쌍봉사에 있다가, 1248년(고종 35) 아버지의 명으로 환속, 항(沆)으로 개명하였다. 1249년 최우가 죽자 정권을 물려받았다. 사치와 향락을 일삼다가 사망하였다.

• 망월루가 곳곳에 많은 이유

'망월루'는 문자 그대로 달〔月〕을 우러러보기〔望〕 위한 누각(樓閣)을 가리키는 말이다. 고려 시대는 물론 조선 시대에도 우리 선조들은 곳곳에 망월루를 지어 놓고 달을 감상하곤 했다. 예 컨대 『배비장전』을 보면 '제주가 십팔경인데 여기가 제일경인 망월루올시다.'라는 내용이 있다. 왜 어둔 밤에 달 보기를 좋아했을까?

그 이유는 달을 어둠 속에서 빛나는 신성한 숭배의 대상으로 생각한 데 있다. 그렇다면 달을 신처럼 받든 이유는 뭘까?

첫째, 어둔 밤을 밝혀 주는 고마움 때문이다. 깜깜한 밤을 무서워하기는 옛날이나 지금이나 마찬가지인데 전기(電氣)가 없었던 옛날에는 부득이 밤에 거리를 돌아다녀야 할 경우 달빛에 의존할 수밖에 없었다. 이때 보름달은 가장 밝은 빛으로 세상을 비추어 주므로 매우 고마운 존 재로 인식되었다.

둘째, 태양을 남성적인 신으로 여긴 것처럼 달을 여성적인 신으로 생각한 까닭이다. 여성은 아기를 낳을 수 있는 출산력이 있는데, 마찬가지로 달님도 (사람들이 원하는) 많은 것을 낳아 주 리라 생각했다. 또한 보름달은 배 속의 아이 때문에 배부른 여인처럼 넉넉한 신으로 여겨졌다.

같은 맥락에서 보름달의 영향으로 여성 수태 능력이 극대화된다고 생각해서 잠자리를 하는 부부가 많았고, 초승달에서 보름달로 그 모양이 변하는 데 착안하여 달을 생산, 창조, 풍요의 상징으로 숭배하는 관습도 있었다. 이런 정서는 보름달이 뜰 때 달빛을 받아들이거나 보름달을 보고 소원을 비는 풍습도 낳았다.

이런 이유들로 사람들은 보름달을 망월(望月), 보름달이 뜬 날인 보름날을 망일(望日)이라고 도 불렀으며, 달을 보고자 지은 누각에 '망월루'라는 이름을 붙였다. 이때의 '望(바랄 망)'자는 '보름 망'이니, 보름달에 대한 친근감이 보름달에 대한 신앙으로 발전한 것이다.

안향,
귀신을 물리치다

1274년에 31세 유학자(儒學者)가 상주판관(尙州判官)으로 부임했을 때의 일이다. 그 무렵 여자 무당 셋이 여러 고을을 돌아다니며 놀라운 신통력을 보여 준다는 소문이 무성했는데, 때마침 상주에 그 무당들이 찾아와 굿판을 벌였다. 무척 많은 사람들이 몰려들었고, 무당들은 신나게 춤추다가 그중 한 무당이 기이한 목소리로 말했다.

"내 저주를 받는 놈들은 모두 염병에 걸려 죽으리라!"

소름 끼치는 목소리에 담긴 불길한 저주는 사람들을 은근히 불안하게 만들었다. 그 틈을 놓치지 않고 다른 무당이 말했다.

"어허, 뭣들 하느냐? 어여 빌어서 노여움을 풀어 드려야지!"

"덩덩 덩더쿵!"

세 무당이 연신 귀신 목소리를 들려주고 겁을 주자 사람들은 놀라 그 자리에서 엎드려 **비손**˚을 했다. 어떤 이는 물건을 가져다 바쳤고 어떤 이는 돈을 바치며 자기 정성을 더욱 강조했으며, 어떤 이는 자기 집에 우환이 있으니 와서 굿을 해 달라고 부탁하기도 했다.

"제발 제 자식 놈을 살려 주십시오!"

"오냐, 알았다. 내 그리하마. 허나 정성이 부족하면 아무 소용없으니 상을 잘 차려야 하니라!"

다음 날 무당들은 그 집을 찾아가 굿판을 벌인 뒤 큰돈을 챙겼고, 연이어 다른 집에서도 굿을 치렀다.

"무당들이 마을을 휩쓸고 다닌다고?"

상주판관은 엄한 명령을 내려 무당을 잡아오게 한 다음, 동헌 앞에 붙잡혀 온 무당들을 향해 준엄한 목소리로 꾸짖었다.

"요사스러운 짓으로 백성의 재물을 빼앗아 인심을 흉흉하게 하니 그 죄가 가볍지 않다. 여봐라! 저들에게 곤장을 쳐라!"

"예이!"

명에 따라 포졸은 곤장을 때렸다. 그러나 무당은 매를 맞으면서도 오히려 상주판관을 협박했으니 무당 한 명이 기괴한 목소리로 저주하듯 말했다.

"네가 감히 날뛰는구나. 너는 곧 죽으리라! 죽게 되리라!"

"저 요망한 것이 아직도 정신을 차리지 못했구나. 여봐라, 매를 더욱 쳐라!"

포졸은 곤장을 치면서도 불안해했다. 보통 사람들 같으면 한 대만 맞아도 아프다고 난리치며 없는 죄도 있다고 하는 판에 무당들은 독한 표정으로 연신 저주를 퍼부었기 때문이다.

"우리를 당장 풀어 주지 않으면 네 놈들에게 큰 재앙이 닥치리라!"

심리적으로 동요하기는 상주 사람들도 마찬가지였다.

"사또께서 괜히 긁어 부스럼 만드는 거 아닐까?"

“이러다 마을 전체에 염병이 돌까 봐 겁이 나네.”

“그래. 나도 몹시 불안해.”

옥을 지키는 포졸들도 무당들을 두려워하는 기색이 역력했고, 향리 중 일부는 상주판관에게 조심스레 석방을 권유하기도 했다. 그런 분위기를 눈치챘는지 무당들은 옥 안에서도 연신 큰소리를 쳤다.

“이놈들아, 빨리 이 문을 열어라! 그렇지 않으면 마른하늘에서 벼락 맞을 것이다!”

하지만 상주판관은 끄덕하지 않았다. 다음 날 다시 무당들을 불러 매를 치고는 도로 옥에 가두게 했다. 그렇게 며칠이 지나자 드디어 무당들이 잘못을 빌면서 용서해 달라고 애걸했다.

“소인들이 사또님을 미처 알아뵙지 못하고 감히 욕보였습니다. 두 번 다시 사람들을 현혹시키지 않을 테니 제발 용서해 주소서.”

“정말 그리하겠느냐?”

“물론입니다. 제발 살려 주시옵소서.”

“여기를 떠나 다른 고을에 가서 또 요사스러운 짓을 안 하겠다는 걸 어찌 믿을 수 있느냐?”

“믿어 주소서. 크게 깨우친 바 있으니 조용히 살겠사옵니다.”

상주판관은 무당들을 풀어 주었고, 이후 요사스런 일이 사라졌다고 한다.

이 일화의 주인공인 상주판관의 이름은 안향(安珦, 1243~1306)이다. 안향은 철저히 유학을 신봉한 사람으로서 무속 신앙을 배격했고 많은 면에서 백성 입장을 배려하여 고을을 편안하게 다스렸다. 또한 자신은 뇌물을 멀리 하고 청렴한 정사를 펼치려 애썼다. 안향은 이러한 공로를 인정받아 이후 높은 관직으로 승진했다.

1289년(충렬왕 15) 안향은 왕을 모시고 원나라를 가게 되어서 무척 기뻐했다. 왜냐하면 명성 높은 **주자**(朱子, 1130~1200)[1]의 책들을 직접 볼 수 있었기 때문이다. 안향은 원나라에서 『주자전서(朱子全書)』를 직접 옮겨 적었으며 공자와 주자의 초상화를 그려 가지고 돌아왔다.

"존경하는 분에게는 항상 예를 나타내는 게 도리지."

안향은 1297년 집 뒤에 정사(精舍)를 짓고 공자와 주자의 진상을 모셨다. 안향은 주자를 숭배하여 그의 초상을 항상 벽에 걸어 두었고, 주자의 호(號)인 회암(晦庵)을 본떠 자기 아호를 회헌(晦軒)이라 지었다. 성리학에 대한 안향의 열정은 실로 대단하여 그는 제자들을 중국으로 보내 문묘에서 사용하는 제기(祭器), 악기, 경전 등을 구해 오게 하는 등 유교 문화 증진에 많은 공을 들였다.

그렇지만 그의 눈에 비친 세상은 못마땅하기 그지없었다. 말년에 그가 지은 다음 시가 그런 심정을 잘 드러내 주고 있다.

향불이 켜져 있는 곳마다 부처님께 빌고
장고, 북, 피리소리 들리는 곳은 굿하느라 바쁘네.
그런데 공자를 모신 사당에는
온 뜰에 풀만 무성하고 찾아오는 이 하나 없구나.

---

[1] **주자** : 중국 송나라의 유학자로, 주자학을 집대성하였다. '주자'는 '주희'를 높여 부르는 말이다. 그는 우주가 형이상학적인 '이(理)'와 형이하학적인 '기(氣)'로 구성되어 있다고 보았다. 인간에게는 선한 '이'가 본성으로 나타난다고 하였다. 주자학을 '성리학'이라고 부르기도 한다. 나중에 성리학은 조선의 통치 이념이 되었다.

안향의 기대에는 미치지 못했으나 그의 노력 덕분에 이 땅에는 유학이 서서히 뿌리를 내리기 시작했다. 안향은 1306년(충렬왕 32) 63세의 나이로 세상을 떠났지만 그가 우리나라에 처음 도입한 성리학은 이후 조선의 새로운 이념으로 채택되어 번성했다.

"잘 그려서 후대에 전할 수 있도록 보존하라!"

그가 죽은 지 12년째 되는 1318년(충숙왕 5) 왕이 궁중에서 일하던 원나라 화가에게 안향의 초상화를 그리라 명했는데, 그때 그려진 초상화는 가장 오래된 그림(국보 제111호: 회헌영정)으로 현재 **소수서원**(紹修書院)❷에 보관되어 있다.

---

❷ **소수서원** : 조선 중종 때(1542, 중종 37) 풍기군수 주세붕(周世鵬)이 세운 백운동서원(白雲洞書院)이 소수서원의 시초다. 1550년(명종 5) 이황(李滉)이 풍기군수로 부임해 와서 조정에 상주하여 소수서원이라는 사액(賜額)을 받았다. 1871년(고종 8) 대원군의 서원 철폐 때에도 철폐를 면한 47서원 가운데 하나로 지금도 옛 모습을 그대로 간직하고 있다. 경상북도 영주시에 위치하고 있다.

• 소원을 빌 때 정화수를 올려놓는 까닭

옛날 어머니들은 가족에 대한 소원을 빌 경우 물 한 그릇을 상에 올려놓는 풍속이 있었다. 이때 신에게 바치는 물 한 그릇을 '정화수(井華水)'라 했는데 '井(우물 정)', '華(빛 화)', '水(물 수)'는 '(얼굴)빛을 밝게 해 주는 우물물'이란 뜻이다. 그렇다면 옛사람들은 소원을 빌 때 왜 두 손을 비볐으며, 정화수는 어떻게 만들었을까?

옛사람들은 만물마다 신이 있다는 정령 신앙을 믿어서 많은 신을 섬겼다. 그리고 뭔가 소원을 빌 때는 그 대상들을 향해 부지런히 손을 위아래로 비볐다. 한꺼번에 많은 신령스런 존재와 접촉하기 위해서 두 손바닥을 마주 대고 수없이 비볐던 것이며, 그리하면 신께서 손을 통해 기(氣) 또는 신령함을 느끼게 해 준다고 믿었다. 신에게 두 손을 비비면서 소원 비는 이런 행위를 '비손' 혹은 '비숙원'이라고 한다.

어둠이 채 가시기 전의 새벽녘, 장독대 위에 정화수 한 그릇 떠 놓고 연신 두 손을 비비며 자식을 위해 기도하던 어머니 모습은 옛날 우리 사회에서 흔히 볼 수 있는 풍경이었다. 그런데 왜 하필 비원의 장소가 언제나 장독대였을까? 그 이유는 장독대가 집에서 가장 신성한 곳으로 여겨졌던 데 있다.

또한 '이른 새벽에 처음 길어온 깨끗한 우물물'을 뜻하는 정화수는 가장 먼저 떠 와야 효험이 있다고 믿어졌는데, 이는 물질이 아니라 정성을 중요하게 여겼던 문화 정서를 설명해 주고 있다. 그런 점에서 사찰이든 교회든 간에 기부하는 금액의 많고 적음으로 신앙심 크기를 재는 일부 종교 가치관은 비난받아 마땅하다.

일부다처제를 주장했다가
혼쭐난 박유

1275년(충렬왕 1) 대부경(大府卿) **박유(朴楡, ?~?)**[1]가 다소 파격적인 상소문을 올렸다.

"우리나라는 음양오행상 음이 강하여 남자가 적고 여자가 많습니다. 나라의 법은 지위 높낮이를 막론하고 한 아내로 그치고, 아들 없는 사람도 첩을 두지 못하게 하고 있습니다. 그런데 원나라 사람들이 들어와서는 인원에 제한을 두지 않고 장가들고 있습니다. 이대로 두다가는 사람들이 모두 북쪽으로 흘러가게 될까 두렵습니다. 바라건대 여러 신하들로 하여금 처와 첩을 둘 수 있게 하되, 품계에 따라 아래로 내려갈수록 그 수를 줄여서 평민에 이르면 한 명의 처와 한 명의 첩을 얻을 수 있도록 하소서. 그리고 여러 첩들이 낳은 아들도 본처가 낳은 아들처럼 벼슬을 할 수 있게 한다면, 짝이 없어 원

---

[1] **박유** : 고려의 문신. 충렬왕 때 대부경으로 있으면서, 원나라 공녀 문제로 나라가 시끄럽자, 이에 대한 해결책으로 서인에 이르기까지 일처일첩을 거느리자고 주장하였다. 또한 첩의 소생도 벼슬을 할 수 있도록 하자고 주장하였다. 그러나 재상 부인들의 반대로 이는 실시되지 못했다.

망하는 사람들도 없을 것이고, 인구도 점점 늘어날 것입니다.”

박유가 축첩제(蓄妾制)를 진언한 데는 나름 이유가 있었다. 그 무렵 고려는 원나라에 해마다 여러 차례에 걸쳐 예쁜 처녀들을 뽑아 바쳐야 하는 처지였던 바 **공녀(貢女)**˙ 요구에 대한 해결 방안을 내놓은 것이었다.

“어머니, 가기 싫어요. 흑흑흑!”

“우리 아이는 안 돼요. 안 돼!”

자발적으로 나서는 처녀가 드물었으므로 정부에서는 강제로 징발하여 부모와 자식을 갈라 놓았다. 이런 상황에서 박유는 처녀들이 원나라로 끌려가는 일을 막고자 양반은 물론 서인(庶人)에 이르기까지 일처일첩(一妻一妾), 바꿔 말해 일부다처(一夫多妻)를 허용하자고 주장한 것이다.

박유는 인구의 많음이 곧 국력이라는 명분까지 강조하며 일부다처제를 강력히 주장했고, 충렬왕을 비롯해 일부 신하들이 그에 공감을 표시했다. 하여 일부다처는 급물살을 타는 듯했다.

그런데 아니었다. 집으로 돌아간 재상들은 당장 아내로부터 항의를 들어야 했다. 고려 사회는 비교적 남녀가 평등했고 데릴사위제가 있을 정도로 여성의 권리를 많이 보장해 주고 있었던 까닭이다. 이에 재상들이 움츠러들었음은 물론이다.

하지만 일은 거기서 끝나지 않았다. 때마침 **연등회(燃燈會)**❷가 펼쳐져 왕의 행차에 박유가 호위하며 따라나섰는데 한 할머니가 손가락질하며 크게 외쳤다.

---

❷ **연등회** : 불을 켜고 복을 비는 불교 행사. 신라에서 시작되어 고려 시대에 국가적 행사로 자리 잡았다. 고려 태조 때에는 정월 대보름날 행하여지다가 현종 1년(1010)에 2월 보름날로 그 날짜가 바뀌었다. 석가모니의 탄생일에도 연등 의식을 치른다.

"첩을 두자고 주장한 자가 바로 저 늙은이다."

박유가 일부다처 상소를 올렸다는 소문이 순식간에 퍼져 고려 여인들은 그 말이 무슨 뜻인지 알아차리고 박유를 향해 일제히 삿대질하며 욕을 했다.

"에라, 이 나쁜 놈아! 늙은 놈이 뭘 그리 밝혀!"

"어디 얼굴 좀 보자!"

여인들은 다투어 박유에게로 몰려들었는데 그 광경이 『고려사』에 다음과 같이 기록되어 있다.

순식간에 길거리가 여인네들의 걷어붙인 팔뚝으로 가득 찼다.

사실 박유 입장에서는 매우 억울할 만했다. 나라를 사랑하는 마음에서 여성 국외 공출과 인구 증가를 통한 국력 확장을 말한 것이지만, 여성들에게 호색가로 오해받고 지탄받았으니 말이다. 그렇지만 어쩌랴. 아무리 취지가 좋다 해도 악용될 여지가 클 뿐만 아니라 백성의 호응을 얻지 못한다면 통할 수 없는 것이다.

결국 박유의 주장은 결실을 맺지 못하고 그대로 묻혀 버렸다. 아내를 무서워하는 재상들은 아예 입을 닫았으며, 한동안 고려 남자들은 처신에 각별히 신경을 써야 했다.

• 조혼과 중매 문화를 낳은 공녀 제도

문자 그대로 '공물로 바치는 여자 혹은 그런 일'을 가리키는 말이다. 몽골이 처음 침입한 직후인 1232년(고종 19)에 왕족과 고위 관리의 동남, 동녀 각 500명 및 자수부인(刺繡婦人)을 바치라고 요구한 것이 그 시초다. 이후 몽골은 고려에 강력한 영향력을 행사하면서 여러 차례에 걸쳐 많은 여자를 보내라고 요구해 왔고, 고려는 어쩔 수 없이 그에 응했다.

원나라로 간 여성들은 대개 시녀가 됐으며 그중 황제의 눈에 띄어 후궁이 되거나 황후가 되는 일도 있었다. 어떤 여인은 귀족의 후실이 되어 부귀영화를 누리기도 했다. 그런 요행을 노려 일부 고려인은 자발적으로 딸을 바치기도 했으나, 딸을 가진 대부분 부모는 어떻게 해서든 공녀를 피하려 애썼다. 이 과정에서 조혼(早婚)과 중매(中媒) 문화가 급속히 퍼졌다.

공녀제가 시행되지 않은 고려 시대 이전에 우리의 결혼 풍속은 자유혼이 대세였다. 『삼국지』 「위지 동이전」은 고구려의 풍속에 대하여 "나라 안의 마을에서는 남자와 여자가 밤늦도록 함께 모여 노래하고 춤춘다. 고구려의 혼인은 남자와 여자가 서로 좋아하는 사이에서 이루어진다."라고 기록하고 있다. 또한 신라 시대의 설화 중에는 남녀 간의 연애에 관한 것이 많이 있다.

그러나 고려 말엽 중매를 통한 조혼(早婚) 풍속이 관행으로 굳어졌다. 백성들은 딸을 빼앗기지 않기 위한 방편으로 딸의 나이 열 살을 전후할 무렵에 혼인을 시키고 이를 관청에 신고하는 일이 많았던 것이다. 나이 어린 남녀 간의 혼인은 당사자 의견보다는 부모 의사에 의하여 결정되게 마련이다. 따라서 조혼의 성행은 자연스레 중매가 널리 행해지는 계기로 작용했다.

충선왕, 여자에 상처받고
남자에 위로받다

충선왕(忠宣王, 1275~1325)[1]은 세자로 있던 1292년(충렬왕 18)에 **조인규(趙仁規, 1227~1308)[2]**의 딸과 결혼했고, 이어 1296년 원나라에서 성종(成宗)의 조카딸이자 진왕(晉王) 감마랄의 딸인 **계국대장공주(薊國大長公主, ?~1315)[3]**와 혼인했는데 이 일은 그에게 복잡한 운명을 안겨 주었다.

"당신은 왜 나를 사랑하지 않고 조비(趙妃)만 예뻐하나요?"

"그렇지 않소. 나는 둘 다 사랑하오."

"당신은 늘 말뿐이에요. 더 이상 참을 수 없으므로 원나라 황실에 이르겠어요."

❶ 충선왕 : 고려 제 26대 왕(재위 1308~1313). 제25대 충렬왕의 아들. 1298년 왕위에 올라 정방을 폐지하는 등 관제를 혁신하고 권신들의 토지를 몰수했으며 원나라에 대해서 자주적인 태도를 취했다. 그러다 7개월 만에 폐위되었다가 1308년 충렬왕이 죽자 다시 왕위에 올랐다.

❷ 조인규 : 고려의 문신. 몽골어에 능했으며, 원나라 세조로부터 선무장군·왕경단사관 겸 탈탈화손의 벼슬을 받았다. 딸 조비(충선왕비) 사건으로 원나라에 7년간 장류(杖流)되었다가 풀려났다.

❸ 계국대장공주 : 고려 충선왕의 비. 몽골 이름은 보탑실련(寶塔實憐). 1296년(충렬왕 22) 충선왕이 세자로 원나라에 있을 때 혼인하여 세자빈이 되었다. 왕이 조인규의 딸 조비를 사랑하자 이를 원나라 황실에 몰래 알려 조비를 처벌케 했다.

"그것은 오해이니, 제발 그런 일을 하지 마시오."

1298년 23세 나이에 고려 제26대 왕에 오른 충선왕은 계국대장공주를 달래느라 진땀을 흘렸다. 충선왕이 조비만 사랑하는 걸 계국대장공주가 심하게 질투했기 때문이다. 그건 사실이었다. 충선왕은 정략 결혼한 계국대장공주를 싫어하여 거들떠보지도 않았으며 오로지 조비만 예뻐했다. 결국 그해 5월 계국대장공주는 없는 말을 꾸며 편지로 쓴 다음 종신을 통해 원나라 황태후에게 보냈다. 그 내용은 대략 다음과 같았다.

'조비가 저를 저주하고 있으며, 왕은 원나라식 관직을 변경하는 등 제국에 반하는 정치를 하고 있습니다.'

그로부터 며칠 후 아래와 같은 글이 궁문에 붙어 계국대장공주를 자극했다.

'조인규의 처가 무당을 불러 굿을 했다. 왕이 공주를 사랑하지 못하고 오로지 자기 딸만 사랑하게 해 달라고 빌면서 공주를 저주했다.'

누가 무슨 의도로 써 붙인 글인지는 알 수 없었다. 짐작컨대 충선왕의 개혁 정책에 반대하는 기득권 세력의 음모였지만, 계국대장공주는 분노하여 또 사람을 보내 이 사건을 원나라 황실에 알리게 했다. 이에 원나라에서는 즉각 사신을 보내 사건을 조사히고는 조인규와 그의 처, 그리고 조비를 원나라로 압송했다.

일은 여기서 끝나지 않았다. 조인규가 고문에 못 이겨 허위 자백하자 그와 관계된 신하들을 모조리 원나라로 압송하고 재산을 몰수했으며 급기야 그해 8월 충선왕을 퇴위시켰다. 이른바 '조비 무고 사건(趙妃誣告事件)'은 이후 고려에 대한 원나라의 간섭을 늘리는 계기로 작용했다.

충선왕은 왕위에서 물러난 후 원나라로 호송되어 10년 동안 연경에서 살았다. 충선왕은 이때 심한 배신감을 느꼈다. 따라온 신하들이 은근히 자신을 무시하고 원나라 황실에 아부했기 때문이다. 그러나 그렇지 않은 사람이 있었으니 바로 원충(元忠)이었다.

강원도 원주 태생인 원충은 18세에 부름을 받아 충선왕을 정성으로 섬겼다. 충선왕은 잘생기기까지 한 원충을 호감 어린 눈으로 바라보다가 이윽고 사랑을 느꼈다. 하여 원충을 침실로 불러 용양(龍陽)을 했다. '용양'이란 남성 사이의 동성애˚를 뜻하며, 중국 전국 시대에 위왕(魏王)의 총신(寵臣)을 용양군(龍陽君)이라 이른 데서 유래한 말이다. 당시 원나라에 그런 풍습이 유행하고 있었다.

"내 너 때문에 참 마음이 좋구나."

"성은이 망극하나이다."

충선왕은 원충을 내급사에 임명하는가 하면 왕족 성인 왕씨를 내려 주고 이름을 주(鑄)로 고치게까지 하는 등 깊은 사랑을 주었다. 믿음은 갈수록 깊어져 충선왕은 원충을 대언(代言: 왕명 하달을 맡아 하는 벼슬)으로 삼고자 했다.

"황공하오나 소인이 아직 어리고 학식이 부족하니 그 뜻을 거둬 주소서."

원충은 솔직한 심정을 밝혀 그 벼슬을 사양했다. 그러자 충선왕은 자신의 뜻을 헤아리지 못한다고 크게 화내면서 일전에 내린 사성명(賜姓名)을 도로 거두고 내치었다.

그렇지만 원충은 충선왕을 마음속에서 지우지 않았다. 1308년 충선왕이 복위하여 원나라에서 고려로 돌아올 때 압록강에 나가 기쁜 마음으로 영접했다. 충선왕은 그런 원충을 다시 총애하여 곁에 두었다.

충선왕은 여자와의 사랑에서는 쓴맛을 보았지만 남자와의 사랑에서 위로를 받았다고 할 수 있다.

• 동성애의 역사

우리나라에서 언제부터 동성애가 행해졌는지에 대해서 확언하기는 어렵다. 다만 몇몇 향가에서 화랑에 대한 낭도들의 사랑이 존경심을 넘어 연모 감정까지 느껴지는 내용이나 신라 제36대 왕 혜공왕(758~780)이 7세(765년)에 왕위에 올라 여자 옷을 즐겨 입고 여자처럼 행동했다는 기록으로 미루어 신라 시대에 동성애적 사랑이나 행위가 있었으리라 여겨진다.

동성애자가 분명한 최초의 사람은 고려 제7대 임금 목종(穆宗, 980~1009)이다. 목종은 어머니와 그 정부인 김치양의 견제에 의해 권력에서 밀려나자 마음의 상처나 외로움을 남색으로 풀곤 했다.

유행처럼 동성애가 번진 시기는 고려 말엽이다. 원나라의 지배 아래 약소국의 설움을 절감하던 고려 말엽 국왕들 중 일부는 원나라 왕실 여자를 멀리 하는 대신에 동성애를 가까이 했다. 특히 고려 제31대 왕 공민왕은 '자제위'라는 청년 근위대를 만들어 그들과 동성애를 즐겼다. 당시 조정에서는 공민왕의 그런 행위를 비판한 일이 없으니 남성 신하들 역시 비슷했음을 짐작할 수 있다.

조선 시대에는 유교 사상의 영향으로 동성애에 대한 시각이 바뀌었고 형벌까지 가했다. 하지만 그럼에도 동성애를 즐긴 사람은 여전히 있었다. 바로 궁녀들이었다. 조선 궁녀들은 하염없이 왕만 기다리며 사는 삶에 지쳐 이른바 '대식(對食)'을 했다. 대식은 궁중에서 궁녀끼리 몰래 부부로 짝 지어 하는 동성연애를 가리키는 말로, '밴대질'이라고도 불렀다. 이러한 일이 발각될 경우 때때로 사형에 처해졌으나 평생 궁궐 안에서 외롭게 살아가는 궁녀들을 근본적으로 막지는 못했다.

어찌됐든 동성애는 유교 문화가 강화되면서 점차 금기가 되었고 그 영향으로 지금도 동성애자를 좋지 않게 보는 경향이 있다.

충숙왕, 손찌검으로
왕비 코피 터뜨리다

고려 제27대 왕 **충숙왕(忠肅王 1294~1339)**[1]은 어렸을 때부터 원나라에서 볼모로 지냈고 어머니 역시 몽골 사람이라 고려 말도 제대로 하지 못했다. 정서는 사실상 고려보다 몽골에 가까웠다. 하지만 1313년 20세 나이에 왕위에 올라 고려에 돌아온 후 변화를 겪었다.

관습에 따라 맞이한 **복국장공주(濮國長公主, ?~1319)**[2]보다 고려 여인 덕비(德妃)에게 깊은 사랑을 느꼈던 것이다. 복국장공주는 원나라 영왕의 딸로, 충숙왕 재위 3년 결혼하여 고려의 왕비가 되었다. 그녀는 그런 현실을 가만히 두고 보지 않았다.

"후궁에게 깊이 마음을 두지 말고 나랏일에 몰두하세요."

---

[1] **충숙왕** : 고려 제27대 왕(재위 1313~1330, 1332~1339). 제26대 충선왕의 둘째 아들. 1325년 귀국하였으나 눈과 귀가 멀어 정사를 못 돌본다는 조적 일당의 거짓 고발 때문에 정사에 더 염증을 느껴 1330년 태자 정에게 왕위를 넘기고 원나라에 갔다. 충혜왕이 폐위되자 1332년 복위하였으나 정사는 잘 돌보지 않았다.

[2] **복국장공주** : 충숙왕의 왕비. 몽골명은 역린진팔랄(亦憐眞八剌)이다. 원 세조 쿠빌라이(忽必烈)의 5남인 영왕(營王) 야선첩목아(에센티무르, 也先帖木兒)의 딸이다. 1316년(충숙왕 3) 충숙왕이 원도에 있을 때 결혼하여 고려에 들어왔다. 충숙왕이 덕비만을 가까이 하는 바람에 그것을 심하게 질투했고, 그로 인해 충숙왕과는 사이가 좋지 않았으며 구타를 당하기도 하였다.

“너무 신경 쓰지 마시오. 내 알아서 다 할 테니.”

충숙왕은 복국장공주의 충고를 한쪽으로 흘려보내며 틈만 나면 덕비를 찾아갔다. 복국장공주의 감시가 심해지자 덕비의 거처를 궁궐 밖 정안공의 집으로 옮기게 하고는 계속 만났다. 그래도 복국장공주는 충숙왕의 마음을 포기하지 않았고, 그럴수록 충숙왕은 더욱더 덕비에게로 향했다.

그러던 어느 날 충숙왕은 몰래 덕비를 데리고 묘련사로 나들이를 갔다. 그러나 둘만의 밀회는 오래가지 못했다. 덕비를 찾던 복국장공주가 묘련사로 따라왔기 때문이다. 복국장공주는 왕과 덕비가 절에서 밀회한 걸 알아차리고는 왕에게 따지고 들었다.

“부처님 앞에서 이 무슨 해괴망측한 일이옵니까? 빨리 궁궐로 돌아가든지 부처님에게 반성하는 예불을 올리십시오.”

“내 일에 상관 말고 공주나 궁궐로 먼저 돌아가 계시오.”

“이러면 벌 받습니다. 어서 둘 중 하나를 택하십시오.”

“상관하지 말라 말하지 않았소! 벌은 무슨 벌을 받는단 말이오.”

“망측한 일을 하면 반드시 벌을 받게 될 것입니다.”

“뭐라고?”

복국장공주가 조금도 물러서지 않는 태도로 나오자, 충숙왕은 즐거운 기분을 망쳤다는 생각에 그만 감정을 자제하지 못하고 주먹으로 공주의 얼굴을 쳤다.

“퍽!”

잠시 후 공주의 얼굴에서 코피가 흘러내렸으나 충숙왕은 그에 그치지 않고 소리를 질렀다.

“너희 나라로 돌아가! 꼴도 보기 싫어.”

주위에 있던 환관과 시녀들이 왕과 공주를 따로 모시고 나서야 그날 사태는 진정되었다. 그렇지만 정신적 충격이 워낙 컸던지 공주는 화병으로 자리에 누웠다. 충숙왕은 의원들에게 공주를 치료하라고만 지시했을 뿐, 병문안을 가지는 않았다.

‘심하게 아프지도 않으면서 내 관심을 끌려는 행동일 거야.’

그런데 며칠 지나지 않아 공주가 죽고 말았다. 의욕을 잃은 나머지 충격사한 것이다. 소문이 꼬리에 꼬리를 물고 고려 전역으로 퍼져 나갔다.

“왕이 원나라 공주를 때려죽였대.”

“정말? 그거 통쾌한 일이네. 고려를 속국이라며 원나라가 무시하는 게 속상했거든.”

“아니지. 공주가 불쌍하지. 남의 나라에 와서 남편 사랑도 받지 못하고 억울하게 죽었으니 안됐어.”

고려인의 입장에서 보면 원나라에 억눌려 지내는 게 기분 나쁘고, 원나라 공주 입장에서 생각하면 의지할 데라고는 고려 국왕밖에 없는데 자기를 무시하니 속상하고 슬펐을 것이다.

어찌됐든 소문은 원나라 정부에까지 들어갔고, 황제는 조사관을 보내어 진실을 밝히게 했다. 이때 호시탐탐 고려 왕위를 노리는 세력이 ‘왕의 폭력에 의한 사망’이라고 과장되게 말했으나, 충숙왕은 조사관을 융숭하게 대접하고 귀한 선물을 한가득 바치면서 잘 봐달라고 부탁했다. 뇌물에 흡족해진 조사관은 묘련사를 찾아가 스님들에게 건성으로 물어보고는 황제에게 ‘심장병으로 병사’했다고 보고했다. 황제는 일단 그 보고를 받아들였지만 온전히 믿지는 않고 고려 국왕을 바꿀 준비를 했다. 이에 충숙왕은 목숨을 지키고자 아들(충혜왕)에게 왕위를 물려주었다. 한 번의 주먹질로 한 나라의 최고 권력을 순식간에 잃어버린 셈이었다.

● 고려 국왕에 '충'자 돌림이 많은 이유

충숙왕은 의지가 굳고 침착하며 총명한 인물이었다. 고려인 아버지와 몽골인 어머니 사이에서 태어났지만 왕위에 오른 뒤 원나라의 무리한 세공(歲貢)을 삭감하고, 공녀(貢女) 선발을 중지하도록 청원하는 등 나름대로 과감한 정책을 폈다. 하지만 고려가 원나라의 정치적 지배를 받던 시절 태어난 숙명 때문에 나라 통치에 있어 자기 뜻을 제대로 펴지는 못했다. 왕위를 노리는 심양왕 고(暠)와의 갈등으로 인해 정치에 염증을 느낀 뒤에는 연회와 사냥에 몰두하면서 정사를 돌보지 않았다.

이런 갈등은 충숙왕 혼자만의 것이 아니었다. 충렬왕, 충선왕, 충숙왕, 충혜왕, 충목왕, 충정왕 등등 명칭에 '충(忠)'자가 들어간 임금들은 같은 운명에 괴로워했다. 여기서 '충'은 몽골에 대한 충성을 뜻하는 동시에 고려의 굴욕을 상징한다.

이 비극은 1231년 침입한 몽골에 오랜 세월 항쟁하다 1259년 끝내 항복한 데서 시작되었다. 고려의 끈질기고 강인한 저항에 놀란 몽골은 고려 왕족을 볼모로 잡는 한편 몽골 공주와의 혼인을 강요하여 끊임없이 감시한 것이다. 고려는 1271년 충렬왕이 원나라에 가서 세조에게 혼인을 허락받으면서 확실한 '부마국'이 되었으며, 충렬왕은 이듬해 귀국하여 몽골 풍속인 변발과 호복을 장려하여 백성들의 탄식을 자아내었다. 1274년 충렬왕과 혼인한 제국대장공주는 쿠빌라이의 딸이자 고려의 왕에게 시집온 첫 번째 원나라 공주였다. 이후 대대로 고려는 같은 절차를 밟았으니 제26대 충선왕부터 제31대 공민왕까지는 고려 남자-몽골 여자의 혼혈인이다.

원나라의 황후가 된
고려 여인

"아유, 이를 어쩌나."

"예쁜 게 죄가 되는 세상이야. 쯧쯧."

1333년 기자오(奇子敖)의 막내딸이 원나라에 공녀로 끌려가게 됐을 때 주변에서 걱정스러운 시선을 보냈으나 정작 기씨 소녀는 생각이 달랐다.

'어차피 가야 한다면 새로운 인생을 시작해 보자. 큰 나라이니만큼 기회도 많을 테니까.'

기씨 소녀가 그리 마음먹어서인지 약간의 운이 따랐다. 원나라 황실에 자리 잡고 있는 고려 출신 환관 중 한 명인 고용보가 예쁘장한 기씨 소녀를 보고는 제법 영리하다고 판단하여 **순제(順帝, 1320~1370)**[1]의 다과를 시봉하는 궁녀로 만들어 준 것이다.

---

[1] **순제** : 원나라의 제11대이자 마지막 황제(재위 1333~1367). 정권을 잡으면서부터는 문화주의자인 타쿠타(바얀의 조카)를 재상에 앉히고, 문종 이후의 한문화 존중주의로 돌아가 『요금송삼사』의 편찬을 완성하는 등 원나라 문화의 최성기를 이루었다. 그러나 명나라의 태조 주원장에게 나라를 빼앗겼다.

‘저 아이가 황제 눈에 띄기만 한다면 후궁이 될 가능성이 높아. 어쩌면 황제를 잘 구스를 수도 있고.’

기씨 소녀 역시 같은 생각을 했기에 원나라 벼슬아치들은 쳐다보지도 않고 오로지 황제에게 다가갈 기회만을 엿보았다. 하지만 그런 기회를 잡기가 쉽지 않았다. 궁녀라고는 해도 찬간에서 차나 끓이는 신세인지라 순제를 만날 기회가 아예 없었기 때문이다.

그러던 어느 날 차 배달을 담당하던 궁녀가 배탈이 난 바람에 기씨 소녀에게 그 기회가 왔다.

‘내가 얼마나 기다렸던 순간인가. 침착하자. 조심하자.’

기씨는 짧은 시간에 많은 생각을 하며 나름대로 기대를 품으며 순제의 침실로 갔다. 그런데 순제는 낮잠을 자고 있었다. 기씨는 어찌할까 잠시 머뭇거리다가 한쪽에 자리 잡고 조용히 차를 끓였다. 언제 일어나더라도 즉각 따뜻한 차를 바치기 위함이었다. 잠시 후 잠에서 깬 순제는 처음 보는 궁녀에게 관심을 나타냈다.

“못 보던 아이로구나.”

“황궁에 온 지 여러 해 되었으나 이렇게 황상을 가까이 모시긴 처음이옵니다.”

영민한 기씨는 수줍게 대답했고, 순제는 기씨의 서투른 원나라 말을 통해 고려 여인임을 알았다. 순간 순제는 고려의 작은 섬에 관한 아련한 추억을 떠올렸다. 순제는 황태자 시절인 1330년 7월 황실 내부 싸움에서 패배하여 인천 앞바다 대청도에 1년여 세월 동안 유배된 적이 있었기 때문이다. 고려와는 그런 인연이 있는데, 그 나라 처녀가 지금 여기에서 조용히 차를 다리고 있는 사려 깊은 모습을 보노라니 호감이 느껴졌다.

순제는 이국 처녀에 대한 호기심으로 기씨의 손목을 잡아당겼다. 피부를 만지니 몽골 여인보다 훨씬 부드럽기에 내친 김에 사랑을 나누었다.

이후 순제는 수시로 기씨를 찾았다. 기씨는 순제를 모시면서 총명하게 처신하여 날이 갈수록 큰 사랑을 받았다.

그러자 견제가 들어왔다. 황후 타나시리가 기씨를 몹시 괴롭힌 것이다. 타나시리는 순제의 사랑을 독차지하는 데 대해 심하게 질투했고 채찍으로 매질까지했다. 그렇지만 기씨는 거기서 좌절하지 않았다.

'이 고비만 넘기면 돼. 태자를 낳으면 그때는 내 세상이야. 그때까지는 참아야 해.'

기씨는 순제를 통해 타나시리에 대응했다. 순제는 타나시리의 그런 행실을 못마땅하게 여겼고, 1335년 타나시리 집안사람들이 주동하여 역모를 일으켰을 때 타나시리에게 사약을 내렸다. 타나시리와 기씨의 사랑싸움은 기씨의 승리로 막을 내렸지만, 황후로 가는 길에는 또 다른 장애가 있었다.

"몽골족의 황실 예법을 따르셔야 합니다."

사실상의 최고 실력자 바엔이 몽골족 전통대로 옹기라트 가문에서 황후를 맞이해야 한다고 강력 주장한 것이다. 이에 따라 순제는 1337년 바엔후두를 황후로 맞이해야 했다.

그럼에도 순제는 여전히 기씨를 총애했고, 기씨는 바라는 대로 임신하여 태자를 낳았다. 그때까지 후사가 없던 순제는 무척 기뻐하여 기씨를 황후로 삼고자 했다. 하지만 권신들이 그에 반대했다.

"이국 여자를 황후로 삼음은 천부당만부당한 처사로 아뢰오."

1339년 순제는 신하들의 반대를 무릅쓰고 기씨를 제2황후로 맞이했다. 이로써 기씨는 드디어 몽골 제국 역사상 처음으로 이민족 출신의 황후가 되었다.

그렇다고 저절로 신분 상승이 된 것은 아니었다. **기황후(奇皇后, ?~?)[2]**는 철저히 현지화 전략을 써서 황실사람들은 물론 원나라 백성의 신임을 얻었다. 예컨대 맛있는 음식이 있을 경우 기황후는 먼저 칭기즈칸을 모신 태묘(太廟)에 바친 후에야 자신이 먹었다. 덕분에 원나라 사람들로부터 좋은 말을 들었다.

"우리 문화를 존중할 줄 아는군."

또한 기황후는 고려 출신 환관들의 도움도 많이 받았다 기황후는 환관 책임자인 박불화(朴不花)를 비롯해 여러 고려 출신 환관들과 손을 잡고 서서히 세력을 키웠으며, 순제를 조종하여 바엔을 축출했다.

1353년 기황후는 당시 14세인 아들 아유시리다라를 황태자로 책봉하는 데 성공했고, 아울러 박불화를 동지추밀원사로 만들어 군사권까지 장악했다. 그런데다 제1황후까지 병으로 급사하자 기황후는 자연스레 제1황후가 되면서 그 권세는 절정에 달했다.

기횡후는 원나라 황신에 고려 바람을 일으켰다. 스스로 고려 옷을 즐겨 입었고 고려 음식을 자주 먹으면서 널리 소개하기도 했다. 이에 따라 황실에는 고려 열풍이 불었으니 이른바 한류(韓流)의 시초라고 할 수 있다.

---

❷ 기황후 : 중국 원나라 순제의 황후. 기자오의 딸로 고려인 내시의 도움으로 원나라 황실의 궁녀가 되었다가 순제의 총애를 받아 황후가 되었다. 황후가 되어 30년 동안 권세를 부렸다. 고려에도 큰 영향을 미쳐서 오빠인 기철 일파가 탐학과 횡포를 일삼는 데에 결정적인 힘이 되었다.

　기황후는 어렵게 정상에 올라갔기에 가난한 백성의 어려움에도 귀를 기울일 줄 알았다. 1358년 베이징에 흉년이 드는 바람에 먹을 양식이 부족해 굶주려 죽는 사람이 속출하자, 기황후는 관청에 죽을 쑤게 하여 보다 많은 사람들에게 나눠 주라 했고 10만여 명에 이르는 아사자의 장례를 치르게 해 주었다. 무능한 순제는 기황후에게 정사를 맡기고 격려의 박수만 칠 뿐이었다.

　"야호! 해냈다!"

　한편 기씨가 황후가 됐을 때 멀리 고려에서 만세를 부른 사람들이 있었다.

바로 기황후 가족이었다. 특히 아버지 기자오와 오빠 **기철**(奇轍, ?~1356)[3]은 기황후를 배경으로 하여 거들먹거리고 다녔다. 기씨 가족은 벼락감투를 썼으니 기철은 덕성부원군(德城府院君)에 봉해졌다. 기철은 누이동생인 황후의 힘을 믿고 권세를 부렸으며 그의 형제들과 일가친척들까지도 덩달아 갖은 행패를 부렸다. 백성의 논밭 중 탐나는 땅이 있으면 강제로 뺏고, 어여쁜 여자를 보면 함부로 난행했다.

"해도 해도 너무 하는군."

"황후가 되어 거기서 잘살면 됐지 왜 이 땅에까지 피해를 줄까?"

"그러게 말이야. 기씨 일족이 아주 못됐어."

백성들의 원성은 나날이 커졌으며 그 원망의 대상에는 기황후까지 포함되었다. 그러나 기씨들의 행복은 거기까지였다.

1368년 한족 출신의 주원장이 원나라를 멸망시키고 명(明)나라를 건국했을 때, 원나라 사람들은 몽골 초원으로 쫓겨났으며 이후 기황후의 행적은 알 수 없다. 그와 함께 고려에 있던 기씨 일족도 모두 처형당했다.

기황후는 맨손과 두뇌만으로 황실을 지배한 여장부였다. 고려 여인들을 눈물 흘리게 만드는 공녀제도 없앴고, 고려를 원나라의 일개 성으로 복속시키려는 움직임도 막아 냈다. 하지만 기철 일파가 고려에서 나쁜 짓을 너무 많이 한 바람에 부정적인 인물로 고려사에 기록되고 말았다.

---

[3] **기철** : 고려의 권신. 누이동생이 원나라 순제(順帝)의 황후가 되자(기황후), 그 힘을 등에 업고 심한 황포를 부렸다. 한편 공민왕이 원나라를 배척하는 배원 정책을 펼치자, 이에 대한 불만을 품었다. 그리고 공민왕을 몰아내고자 반역을 일으켰으나 진압되어 죽었다.

• 결혼과 혼인의 차이

각기 달리 살아온 남녀가 정식으로 부부 관계를 맺는 걸, 뭐라고 말해야 할까? 흔히 '결혼' 또는 '혼인'이라고 하는데 두 낱말에는 미묘한 차이가 있다.

예부터 동아시아에서는 부부가 되는 걸 일러 흔히 '婚(혼인할 혼)'이라고 표현했다. 婚은 女(계집 녀)+氏(성 씨)+日(날 일)이 합쳐진 말로 '여자가 남자 성씨를 받는 날'을 의미한다. 고대에는 여자 집에서 혼례를 올리는 게 관습이었으나 이윽고 남자 집에서도 혼례를 치렀고, 혼인의 인연을 맺는 걸 일러 결혼이라고 했다. '혼인(婚姻)'과 '결혼(結婚)' 모두에 婚(혼)자가 들어 있는 이유다.

먼저 혼인의 한자를 살펴보면 '婚(혼인할 혼)'은 '아내의 친정'을 가리키고 '姻(혼인 인)'은 '사위의 집'을 의미한다. 다시 말해 '혼인'은 신부의 집과 신랑의 집을 오가며 혼례 올리는 풍경을 표현한 말이다. 우리말로 장가들고 시집가는 게 곧 혼인인 것이다.

'결혼'이라는 말의 근원은 1274년 신설된 결혼도감(結婚圖鑑)에서 찾을 수 있다. 당시 원나라가 비단 1,640필을 보내오면서 남편 없는 여자 140명을 요구하자, 고려 조정에서는 결혼도감을 설치하여 홀로 사는 여자, 역적의 아내, 파계승의 딸 등을 찾아 한 사람당 비단 12필을 준 다음 원나라로 보냈다. '도감'은 '관공서'라는 뜻이고, '결혼'은 '結(맺을 결)', '婚(혼인할 혼)'이라는 문자 그대로 '혼인의 인연을 맺음'이라는 뜻이다.

조선 시대에는 '결혼'을 '집안 사이의 혼인 약속'이란 의미로 많이 사용했다. 4~5세 때 양가 부모끼리 자녀의 결혼을 약속하고 적령기가 되면 성혼(成婚)시켰던 것이다.

요컨대 '혼인'은 신랑, 신부 당사자와 관계된 말이지만, '결혼'은 혼인 당사자만이 아니라 부모나 보호자 등과 관계된 말이었다.

그러하기에 현대 들어 법률 용어를 제정할 때 '혼인'이라는 용어를 채택했다. 결혼신고서가 아닌 혼인신고서를 작성하는 이유가 여기에 있다.

요즘에는 혼인과 결혼이라는 말을 섞어 쓰는 경향이 있는데, 배경을 알아 두면 가려쓰기 쉽다.

패륜아 충혜왕과
음탕 여왕 사기옹주

"걱정이로다. 하지만 정(禎)에게 왕위를 넘기노라!"

충숙왕은 1339년 죽음을 앞두고 맏아들 정에게 왕위를 물려주었다. 평소 날건달이나 다름없는 행실을 못마땅해했지만 가장 사랑하는 왕비 공원왕후 홍씨 사이에서 낳은 자식임을 생각해서 그리 결정한 것이다. 불행하게도 충숙왕의 걱정은 바로 현실로 나타났다.

고려 제28대 왕으로 등극한 **충혜왕**(忠惠王, 1315~1344)[1]은 즉위하자마자 나랏일을 제쳐두고 6일 동안 사냥과 씨름으로 시간을 보냈다. 뿐만이 아니었다. 그는 신분이나 나이에 관계없이 여자들을 취했다. 심지어 부왕의 후비인 수비 권씨와 **숙공휘녕공주**(肅恭徽寧公主, ?~1344)[2]까지 범해서 사람들을

---

[1] **충혜왕** : 고려의 제28대 왕(재위 1330~1332, 1339~1344). 제27대 왕 충숙왕의 아들. 1330년 왕위에 올랐으나 방탕하고 주색을 일삼아 왕위를 다시 부왕 충숙왕에게 넘겼다. 1339년 복위하였으나 여전히 방탕한 짓을 일삼았다. 이운 등이 원에 상소를 올린 끝에 1343년 게양으로 귀양을 떠나 그곳에서 죽었다.

[2] **숙공휘녕공주** : 고려 충숙왕의 셋째 부인. 몽골 출신으로 경화공주로도 불린다. 충숙왕이 원나라에 있을 때 결혼했다. 충숙왕 사후 연회 때 충혜왕이 서모인 공주를 강제로 범하자, 심왕파인 조적 일당에게 이 사실을 알리고, 조적 일당은 심왕 옹립을 위해 난을 일으켰다.

놀라게 했다.

이 사건은 후에 충혜왕 폐위의 주요 원인으로 작용했지만, 충혜왕의 엽색 행각은 끊이지 않았다. 신하의 아내든, 거리에서 본 여자든 간에 마음에 든다면 어떻게 해서든 범했다. 흉흉한 소문은 온 나라에 퍼져서 사람들은 혹시라도 충혜왕을 만날까 싶어 나들이를 삼갔다.

"나는 충혜왕이니 반항하지 말라!"

불량배 세 명이 왕을 사칭하고 주부 공보의 아내를 범하는 기막힌 사건이 벌어지기도 했다. 그러거나 말거나 충혜왕은 누가 아름답다는 말만 들으면 모두 궁으로 끌어들여 후궁이 100여 명에 이를 정도였다.

그런 충혜왕이 어느 날 그야말로 임자를 만났다. 그 주인공은 단양대군(丹陽大君) 왕유의 계집종 임씨(林氏)였다. 그녀의 아버지는 사기(砂器: 오지그릇)를 파는 장사꾼이었고 임씨도 때때로 사기를 팔러 다니곤 했다가 우연히 왕의 눈에 띈 것이었다.

"너와 나는 천상 궁합이구나!"

충혜왕은 이전까지 겪었던 그 어느 여자보다도 임씨를 총애했다. 그 이유는 속궁합에 있었다.

그렇다고 충혜왕이 오직 임씨만 상대한 것은 아니었다. 1342년 2월에 충혜왕은 평리(評理) 홍탁(洪鐸)의 딸이 매우 아름답다는 말을 듣고는 궁궐로 들어오기도 전에 화비(和妃)에 봉했다. 홍탁은 왕후가 된 딸을 어쩔 수 없이 궁궐로 보내야 했다.

그러자 위기를 느낀 임씨가 방해하고 나섰다.

"화비를 들이시면 이 몸은 나가겠습니다."

“무슨 말이냐?”

“제가 싫증나서 화비를 데려오는 것일 테니 그리하겠다는 말입니다.”

임씨는 충혜왕이 여전히 자기에게 깊이 빠져 있음을 알았기에 과감하게 선수를 친 것이었다. 상황이 이리 되자 충혜왕은 화비를 궁궐로 들이지 못했다. 대신에 충혜왕은 꼼수를 발휘하여 끝내 욕심을 채웠다. 화비 홍씨를 재상 윤침의 집에 기거하게 한 다음 어느 날 몰래 나가서 잠자리를 가진 것이다. 하지만 충혜왕은 며칠 지나지 않아 화비 홍씨에게 싫증을 내고 출입을 끊었다.

“흥, 저는 아무것도 아니군요.”

그마저 임씨가 질투를 하자, 충혜왕은 임씨를 달래려고 **은천옹주(銀川翁主)**❸ 라는 칭호를 주었다. 임씨는 매우 기뻐했으나, 임씨를 **옹주(翁主)**˚ 대접해 주는 사람은 아무도 없었다. 사람들은 오히려 ‘사기옹주’ 혹은 ‘오지옹주’ 라고 부르면서 비꼬았다. 이전에 오지그릇 팔던 여자임을 빗댄 별명이었다. 충혜왕은 나아가 은천옹주를 위해 집을 짓고 전속 시녀를 붙여 주었다. 이때 두 시녀가 천한 은천옹주를 시중을 들게 되는 걸 속상해하며 울자, 충혜왕은 분노하여 시녀들을 벌주었다.

“감히 싫은 디를 내다니……. 여바라, 저년들을 매우 쳐라.”

충혜왕의 은천옹주 사랑은 끝이 없었다. 은천옹주가 아들 석기(釋器)를 낳자 잔치를 벌여 많은 비단을 선물로 주었다. 그런데 그 비단들은 시장 상인

---

❸ **은천옹주** : 충혜왕의 총애를 받던 비. 사기(沙器) 상인 임신(林信)의 딸로 사기옹주(沙器翁主)라고도 불렸다. 단양대군의 종이었는데, 충혜왕이 1342년(충혜왕 3)에 은천옹주(銀川翁主)로 봉銀川翁主 1344년 충혜왕이 원나라에 잡혀간 뒤 쫓겨났翁主 아들 석기는 공민왕 때 역모왕이갠에 연루되어 옹주의 아버2년임신과 함께 죽임을 당하였다.

에게 강제로 빼앗은 것이었다. 당연히 시장 상인을 비롯해 백성의 원성을 샀지만 충혜왕은 은천옹주를 기쁘게 해 주는 일이라면 그런 횡포를 마다하지 않았다. 은천옹주 역시 사치를 좋아하여 왕에게 더 많은 재물을 얻으려 애썼으며, 아들 낳은 걸 자랑스럽게 여기며 왕족들을 조롱했다.

그러나 백성의 신망을 얻지 못한 권세는 오래갈 수 없었다. 앞서 충혜왕에게 능욕당한 숙공휘녕공주의 비밀 편지를 비롯해 충혜왕의 문란함을 비판하는 글들이 원나라 조정에 전해져 충혜왕은 왕위에서 쫓겨나 원나라로 압송되었다. 이와 더불어 은천옹주 임씨도 궁궐에서 내쫓겼다.

충혜왕은 1344년 1월 중국 연경에서 2만 리 떨어진 게양으로 귀양 가는 길에 30세 나이로 죽었다. 그가 죽었다는 소식이 고려에 전해졌을 때 백성들은 무척 기뻐했으며 어느 누구도 슬퍼하지 않았다고 한다.

• 공주와 옹주는 어떻게 다를까

'공주(公主)'는 왕의 정실왕후가 낳은 딸에 대한 호칭이며, 중국의 진(秦), 한(漢) 때 황제가 딸의 혼인을 삼공[三公 : 세 개의 최고위 대신을 이름. 대사마(大司馬), 대사공(大司空), 대사도(大司徒)를 말함]에게 맡긴 데서 비롯되었다. 중국에서는 주변 국가의 군주를 회유하기 위해 외민족에게 시집보낸 왕족의 부녀를 화번공주(和蕃公主)라 불렀는데, 대표적인 예로 고려 충렬왕부터 우리나라 왕에게 시집온 일곱 명의 원나라 공주를 들 수 있다.

우리나라에서 공주라는 호칭은 고려 이전의 삼국 시대부터 쓰였다. 『삼국유사』에 고구려 호동왕자와 낙랑공주, 온달에게 시집간 평강공주, 백제 무왕과 결혼한 신라 선화공주 등이 그 증거다.

이에 비해 '옹주(翁主)'는 왕의 후궁이 낳은 딸을 부르는 호칭이다. 중국 한나라 때 제왕, 제후의 딸을 옹주라고 불렀으며, 우리나라에서는 고려 시대 충선왕 때 왕의 딸을 부르던 칭호인 궁주(宮主)를 옹주로 고쳐 불렀다. 충혜왕이 임씨를 은천옹주라 불러 '왕의 여자'임을 강조한 데서 알 수 있듯, 본래 '궁주'는 고려 초부터 왕의 후궁(後宮)을 가리키는 말이었다. 그러나 궁주를 '왕의 딸'이란 뜻으로 개칭한 이후, 한동안 궁주와 옹주의 개념이 섞여 쓰이다가 이내 '왕의 딸'에 대한 호칭만 남고 후궁에 대한 작호는 없어졌다.

한편 조선조 중엽까지만 해도 공주와 옹주의 호칭은 뚜렷이 구별되지 않았다. 고려 충혜왕 때 후궁들의 벼슬에 높고 낮은 차이가 없어 여종이나 기생도 '옹주'로 책봉됐으며, 조선 시대 『세종실록』에는 국왕의 딸과 후궁을 모두 '공주'라 불렀다고 하면서 국왕 딸을 '공주'라고 불러 후궁의 작위와 구별하자고 기록되어 있다. 국왕 딸과 세자 딸에 대한 칭호는 성종 때 『경국대전』에 의하여 법적으로 정해져, 이후 왕비 몸에서 난 딸을 '공주', 후궁 몸에서 닌 딸을 '옹주'라 했다.

제3장

고려말기

무술의 달인, 이방실

고려 말엽의 일이다. 한 젊은이가 여유롭게 말을 타고 서해도 땅으로 놀러 가는 중에 산속에서 도둑을 만났다.

"꼼짝 마라! 가진 것 다 내놓으면 목숨만은 살려 주마!"

도둑이 협박했으나 젊은이는 재빠른 몸놀림을 보여 주며 만만치 않은 상대임을 일러 주었다. 도둑은 일대일 대결에서 불리하다 판단하여 그 자리에서 물러났지만 완전히 포기한 것은 아니었다. 도둑은 젊은이 뒤를 몰래 따라가며 기회를 엿보았다.

그날 밤 젊은이는 산짐승을 피하고자 아무도 없는 빈집에서 잠시 여장을 풀었다. 젊은이는 측간에 들어가 참았던 볼일부터 보았다.

'지금이 기회다! 자식, 진작 짐을 내놨으면 목숨이라도 건졌지.'

도둑은 그때를 놓치지 않고 활시위를 당겼다.

"슝"

화살이 힘 있게 날아가 측간 앞에 처져 있는 거적을 뚫고 안으로 들어갔다.

“…….”

그러나 이상했다. 분명 화살을 맞은 고통으로 인해 비명을 질러야 하는데 측간에서 아무 소리가 나오지 않았다.

‘오잉, 빗나갔나?’

도둑은 한 번 더 화살을 쏘았다. 그러자 측간에서 우렁찬 목소리가 터져 나왔다.

“장난하면 못써!”

“흐억!”

뜻밖의 말에 놀란 도둑은 급한 마음에 가지고 있던 모든 화살을 측간으로 날려 보냈다. 쏘는 족족 화살은 거적을 뚫고 들어갔다. 도둑이 빈 화살집을 확인하는 순간 젊은이가 태연하게 화살을 한 아름을 쥐고 측간에서 나왔다.

“이놈아! 그따위 솜씨로 무슨 장난이냐?”

“사, 살려 주십시오.”

기가 질린 도둑은 그 자리에 주저앉아 두 손을 싹싹 빌었다.

“제발 어리석은 저를 용서해 주십시오.”

“이놈! 지나가는 사람을 괴롭히는 소행이 괘씸하니 그냥 놔둘 수 없구나.”

젊은이는 몸을 솟구쳐 옆에 있던 상수리나무의 한 가지를 잡아 거기에다 도둑의 머리카락을 움켜 매고 잡았던 가지를 놓았다. 가지가 제자리로 팅겨 져 오르면서 도둑의 머리카락은 순식간에 모조리 빠져 버렸다. 졸지에 대머 리가 된 도둑은 아픔도 잊은 채 거듭 용서를 빌고는 그대로 달아났다.

이 일화에 등장하는 젊은이 이름은 **이방실**(李芳實, ?~1362)[1]이다. 그는 후 에 뛰어난 무술을 인정받아 중랑장이 되고 호군이 되었다.

이방실은 또한 중국에서 침입한 홍건적을 여러 번 격파하는 공을 세웠다. 이때 이방실은 기이한 인연을 만났다. 1359년(공민왕 8)에 서해로 침입한 홍건적 떼를 치고자 이방실이 대장으로 출전했을 때의 일이다. 이방실은 진영을 갖춘 풍주(豊州)에서 그 지역 장자(長者: 큰 부자)로부터 뜻밖의 융숭한 대접을 받았기에 감사의 말을 했다.

"이렇게까지 예우해 주니 고맙소이다."

이방실이 흡족한 얼굴로 인사를 하자, 장자가 묘한 표정을 지으며 물었다.

"장군님, 저를 모르시겠습니까?"

"글쎄, 뉘신지요?"

"하하. 장군님은 저를 잊으신 모양입니다만 저는 이날까지 장군님을 잊은 적이 없습니다."

장자가 미소를 지으며 사연을 말한 즉 바로 지난날의 그 도둑이었다.

"그날 장군님은 제게 큰 가르침을 주셨습니다. 저는 그 일이 있은 뒤 마음을 고쳐먹고 열심히 일해서 이렇게 살 수 있게 되었습니다. 고맙습니다. 장군님!"

말을 마친 장자는 모자를 벗었고, 그 말을 듣고 장자의 머리를 보니 여전히 머리카락이 하나도 없었다고 한다.

이방실은 서해에서 홍건적을 물리치고 돌아와 임금으로부터 환대받았는데 그 공로가 어떠했는지는 다음 일화에서 알 수 있다.

---

❶ **이방실** : 고려의 무신. 함안이씨의 시조이다. 충목왕이 세자일 때, 원나라를 왕래할 때 호종한 공로로 중랑장에 보직되었다. 대호군으로 선성에서 다루가치 노연상 부자를 진압했고, 수많은 홍건적을 물리쳤다. 간신 김용의 계략에 속아 정세운 장군을 죽인 뒤, 동료 장수들과 함께 살해되었다.

　연회장에서 공민왕이 옥대(玉帶)와 옥영(玉纓)을 상으로 내리자 노국대장공주가 불만을 나타내며 말했다.

"어찌 귀중한 보물을 아끼지 않고 손쉽게 남에게 주십니까?"

이에 대해 공민왕은 이렇게 대답했다.

"우리 종묘사직이 폐허가 되지 않고 백성이 어육이 되지 않은 것은 모두 이방실의 공이다. 살을 베어 주어도 오히려 그 공을 갚을 수 없거늘 하물며 이따위 물건이 아까운가!"

　공민왕의 말은 과장이 아니었다. 이방실은 1359년 4만 명에 달하는 홍건적의 침입을 물리쳤고, 서해 바다의 침입도 막아 냈으며, 이듬해(공민왕 9) 홍

건적 20만여 명의 침략도 물리쳤으니 말이다.

　그러나 안타깝게도 무공을 시기한 간신배들의 모략에 의해 **안우(安祐, ?~1362)**[2], **김득배(金得培, 1312~1362)**[3] 장군과 함께 1362년 세상을 떠나고 말았다. 세간에서는 이를 **삼원수 살해 사건(三元帥殺害事件)**[*]이라 해서 매우 애석하고 원통하게 생각했다.

　한편 이른바 삼원수 살해 사건은 간신의 음모가 아니라 공민왕의 은밀한 계략이라는 설도 있다.

---

[2] 안우 : 고려의 무신. 공민왕에게 반역을 일으킨 기철에게 죄를 물어 죽였다. 서북면부원수로 의주, 정주, 고선주에서 홍건적을 소탕하고, 참지정사를 거쳐 상원수가 되어 재차 침입한 홍건적을 무찔렀다. 간신 김용에게 속아 정세운 장군을 죽인 뒤, 죽임을 당하였다.

[3] 김득배 : 고려의 무신. 강릉대군(공민왕)을 따라 원나라에 갔고, 공민왕이 즉위하자 우부대언이 되었다. 홍건적의 침입으로 의주, 정주, 인주 등이 함락되자 이를 방어하였다. 서경을 탈환하여 적을 압록강 밖으로 격퇴했으며 홍건적이 다시 침입하자 개경을 수복했다. 정세운 장군을 죽인 죄목으로 억울하게 죽임을 당하였다.

• 삼원수 살해 사건

'삼원수(三元帥)'란 외적을 물리치는 데 혁혁한 공을 세운 안우, 김득배, 이방실 장군을 일컫는 말이다. 세 장군은 홍건적을 퇴치하고 나라를 구함으로써 백성의 신망을 얻었다. 간신 김용은 그것을 시기하여 거짓 왕명을 만들어 정세운 총병관을 먼저 죽이고 이어 이방실, 안우, 김득배 등의 삼원수에게 정세운 총병관을 살해했다는 누명을 씌워서 살해했다. 이를 '삼원수 살해 사건'이라 한다.

그런데 일설에는 김용이 공민왕 명령을 사칭한 것이 아니라 실제로 공민왕의 사주를 받아 그리했으리라 보기도 한다. 김용이 공민왕의 심복이고, 삼원수의 명성이 왕권 강화에 위협이 되자 전쟁이 끝나기 무섭게 제거했다는 것이다.

어느 설이 옳은지 단정할 수는 없으나 유능한 장군들이 억울하게 죽임을 당했음은 분명하다.

누가 소의 혀를
잘랐을까

고려 말엽 **이보림(李寶林)**[1]이 경산부(京山府: 경북 성주의 옛 이름)의 수령으로 있을 때의 일이다. 어느 날 두 사람이 찾아와 서로 무척 억울하다면서 재판을 호소했다.

"저 사람이 제가 기르는 소의 혀를 잘랐습니다."

"**사또**, 아니옵니다. 저는 결코 그런 짓을 한 적이 없습니다."

표정을 보아서는 누구 말이 옳은지 짐작조차 할 수 없었다. 아무 증거도 없는 상황에서 피해자가 지목한 사람을 섣불리 범인으로 단정하여 심문할 수 없고, 다른 사람이 저지른 행위일 수도 있기 때문이었다.

'누가 왜 소의 혀를 잘랐을까?'

이보림은 잠시 생각에 잠기더니 이윽고 말했다.

"내일 오후에 마을 사람을 한 사람도 빠짐없이 불러 모아라. 그리고 그때

---

[1] **이보림** : 고려의 문신. 1355(공민왕 4)년에 문과에 급제하였다. 1359년 남원부사가 되어서는 재정 계획을 정하고 재정을 집행하게 하여 백성들을 수탈하지 않았고, 또 경산부사(京山府使)로 옮겨 가서는 송사(訟事)를 현명하게 처리하여 평판이 좋았다. 1375년(우왕 1)에는 대사헌으로 승진하였다.

까지 그 소에게 일체 물을 주지 말거라."

다음 날 오후 사람들이 모두 모이자, 이보림이 명령했다.

"너희들은 차례로 줄을 서서 소에게 물을 마시게 하되, 소가 마시려 하거든 그릇을 얼른 떼어 다음 사람에게 넘겨 주거라!"

사람들이 웅성웅성했다. 시키니 하는 일이지만 장난스러운 일처럼 느껴졌기 때문이다. 어찌됐든 한 사람이 물그릇을 소에게 가져갔다가 소가 먹을 만하면 재빨리 떼어 내어 옆 사람에게 건네주는 일이 반복되었다.

"도대체 뭐하는 짓이람."

"그러게 말이야. 소를 놀리는 것도 아니고……."

그때였다.

"음메."

소가 우는 듯한 큰 소리를 냈다. 소 주인이 지목했던 사람이 물그릇을 내밀자 소가 고개를 휙 돌리면서 비명을 지른 것이었다. 소가 달아나려고 몸부림까지 쳤다. 그걸 본 이보림이 크게 호령했다.

"저놈을 잡아라!"

이보림이 본격적으로 심문하자, 피의자가 죄를 자백했다.

"소가 세 비를 뜯어믹있기 때문에 그 혀를 잘랐습니다."

사건의 진상은 이렇게 밝혀졌다. 이보림은 사람이든 짐승이든 누구라도 자기에게 해를 끼친 사람을 보면 깜짝 놀라거나 두려움을 느끼게 된다는 일반적인 감정을 지혜롭게 활용했다. 그리고 이보림의 명판결은 마을 사람들을 탄복시켰다. 이보림은 이 밖에도 여러 어려운 송사를 공정하게 처리함으로써 좋은 평판을 받았다.

• 수령을 왜 '사또'라고 부를까

고려의 지방 행정 구역은 격에 따라 주, 부, 군, 현 등 다양한 명칭으로 불렸으며, 통틀어 '군현'이라 했다. 고려 정부가 군현에 파견한 지방 관리는 지역 규모에 관계없이 '수령(守令)'이라 했다. '수령'은 '정부 명령을 지키는 관리'라는 뜻이다. 이중 '부(府)'는 오늘날의 '시(市)'와 같은 비중 있는 큰 고을을 가리키고, '부사(府使)'는 부의 최고 통치자다.

고려 시대의 수령은 과거에 합격한 관리가 임명되는 게 관습이었으며, 수령은 백성의 어려움을 살피고 도적을 엄벌하며 세금을 징수하는 등 막강한 권한과 책무를 가졌다. 수령 한 사람이 감당하기에는 많은 업무였으나 해당 고을 출신의 속관(屬官)을 거느리고 일을 처리했다. 고려 학자 이규보는 고향 전주의 속관으로 일할 때 지은 시에서 '관아의 뜰은 시장처럼 시끄럽고 송사 문서는 산더미처럼 쌓여 있네.'라고 당시 상황을 설명하기도 했다.

그런데 고려 시대의 관직 명칭은 '백성을 위해 일하는 사람'이라는 의미가 강했다. 시중(侍中), 상서좌복야(尙書左僕射), 사도(使道)의 '侍(모실 시)', '僕(종 복)', '使(심부름 사)'는 한결같이 모시거나 시키는 대로 일하거나 심부름하는 관리를 뜻한다. 다시 말해 고려 중앙 정부는 백성을 받드는 관리를 지향했다.

그러나 현실은 달랐다. 일부 관리들은 이보림처럼 현명한 처신으로 백성의 괴로움을 덜어 주었지만, 많은 관리들은 높은 지위를 이용해 백성 위에 군림했다. '사또'는 그런 정서를 바탕으로 생긴 말로, 일반 백성이나 하급 벼슬아치들이 자기 고을의 우두머리를 존대하여 불렀다. '사또'는 '사도'의 된소리가 굳어진 말이다. 요즘처럼 행정권과 사법권이 나눠지지 않은 상황에서 행정권과 사법권을 동시에 쥐고 있는 사또가 일반인들에게 어떻게 비추어질지는 쉽게 짐작할 수 있으리라.

강물에 황금을 버린 형제

고려 공민왕 때의 일이다. 한 형제가 함께 길을 가던 중, 동생이 길에서 금덩이 두 개(黃金二錠)를 주웠다.

"형님, 금덩이가 마침 두 개이니 하나씩 나눠 가지면 되겠네요."

동생은 그중 하나를 형에게 주고, 자신도 하나를 가지고는 계속해서 길을 가 **공암나루***(지금의 서울 강서구 가양동)에 닿았다. 그런데 배를 타고 강을 건너던 중 동생이 갑자기 가지고 있던 금덩이를 강물에 던져 버렸다.

"풍덩!"

"이니, 왜 그리느냐?"

형이 동생의 행동을 의아하게 생각하여 그 이유를 묻자, 동생이 말했다.

"저는 원래 형을 매우 사랑했습니다. 그런데 이 황금을 보자 욕심이 커지면서 형을 시기하는 마음이 생겼습니다. 그러니 이 금은 분명히 좋지 못한 물건입니다. 그래서 제 마음이 더 이상 나빠지지 않게 하려고 금을 강물에 버렸습니다."

“…….”

형은 잠시 동안 침묵했다. 사실 자신도 동생처럼 비슷한 심경 변화를 가졌기 때문이었다. 그런 상황에서 동생으로부터 솔직한 말을 들은 형은 전적으로 공감하는 표정으로 말했다.

“나 또한 너와 같은 감정을 느꼈으니 네 말이 옳다. 이런 금덩이라면 필요 없다!”

그러고는 자기 몫으로 가지고 있던 금을 강물에 던져 버렸다.

이때 함께 배를 타고 강을 건너던 이들은 다 어리석은 사람들이라 그 성명도 묻지 않아 형제 이름은 전하지 않는다.

'형제투금(兄弟投金)' 일화에 등장하는 형제 이름에 대해서는 두 가지 설이 있다.

하나는 『고려사』「정유(鄭愈) 열전」에 기록된 걸로 미뤄, 선산군수를 지낸 정임덕(鄭任德)의 아들들인 정유, 정손(鄭愻) 형제가 그 주인공이라는 설이다. 정유, 정손 형제는 『고려사』에 남겨질 정도로 효심이 깊었고, 오늘날 경남 산청의 배양 마을에 그런 내용을 기록한 양천공 정유의 효우 사적비가 세워져 있다.

다른 유래는 고려 말엽 이억년(李億年), 이조년(李兆年) 형제의 실화라는 설이다. 형 이억년이 벼슬을 버리고 경남 함양으로 내려갈 때 동생 이조년이 한강 나루 건너까지 배웅하다가 이 같은 행동을 했다는 것이다. 이는 성주 이씨(星州 李氏) 가문에서 주장하는 내용이다. 현재 강서구 구암 공원 안에는 이억년, 이조년 형제의 고사라는 안내문이 세워져 있다.

어느 설이 옳은지 단정하기 어렵지만 어찌됐든 이에 연유하여 그 나루터를 투금포(投金浦)라 하고, 그 근처의 강을 투금강(投金江)또는 투금탄(投金灘)이라 부르게 됐으며, 여기에서 긴포(金浦)라는 지명이 나왔다고 전한다.

• 나루의 어원과 한강 나루터

'나루'는 강가나 좁은 바닷목에서 배가 다니는 일정한 곳을 가리키는 말이다. 나루의 어원은 명확히 밝히기 어려우나 '옛날에 사람들이 모인 강가의 장(場)'으로 여겨진다. 고대 국가는 대개 강을 끼고 세워졌으며 배를 이용해 교역했고 '나라(國)'와 어원을 같이 하기 때문이다. 우리말에서 나루에 관한 최초의 기록은 백제의 두 번째 도읍 웅진(熊津)이다. 웅진은 우리말 고마(곰)와 나루를 한자로 옮긴 말로써 당시에는 제법 큰 장이었다.

고려 시대에도 나루는 여기저기 주요한 물길에 마련됐고, 한강에는 나루터가 대략 10여 개 있었던 걸로 전해진다. 옛날에는 다리가 없었으므로 강물을 마주 본 곳에서 나룻배는 필수 교통수단이었다.

특히 광나루, 삼밭나루, 동작나루, 노들나루, 양화나루는 한강의 5대 나루로 손꼽혀 각종 물품과 사람들의 집합 장소로 유명했다. 공암나루는 서울이 보이는 나루터 중 가장 아래쪽에 위치한 작은 나루터로써 강화도로 가는 사람들이 주로 이용했는데 구멍 뚫린 바위섬(孔岩)이 물 한가운데 있어 기이한 풍치를 이루었다고 전한다.

공민왕과 노국대장공주
그리고 반야와의 사랑

"방금 뭐라 하였소? 다시 한 번 말해 보오."

"드디어 아이를 가졌사옵니다."

노국대장공주(魯國大長公主, ?~1365)[1]가 떨리는 목소리로 임신 소식을 알리자, **공민왕**(恭愍王, 1330~1374)[2]은 감격에 겨워하며 말했다.

"오오, 너무나 기쁘오. 내가 뭐라고 했소? 공주는 반드시 태자를 낳을 것이니 내가 굳이 다른 비를 맞이할 필요 없다고 하지 않았소?"

노국대장공주와 공민왕은 서로 손을 잡고 잠시 말 없이 기쁨을 누렸다. 그도 그럴 것이 무려 10년이나 아이를 갖지 못해 노심초사하다가 기저저으로 임신했기 때문이다.

---

[1] **노국대장공주** : 중국 원(元)나라 위왕(魏王)의 딸. 보탑실리공주라고도 한다. 1349년(충정왕 1) 원나라에서 공민왕과 결혼하였으며 1351년 12월 공민왕과 함께 고려로 들어왔다. 1365년(공민왕 14)에 난산 끝에 죽었는데 그녀가 죽은 뒤 공민왕은 슬픔에 겨워 정사를 돌보지 않았다고 전해진다.

[2] **공민왕** : 고려의 제31대 왕(재위 1351~1374). 제27대 충숙왕의 둘째 아들이다. 제29대 충목왕이 즉위할 때 강릉대군(江陵大君)에 봉해졌다. 왕에 즉위한 후, 원나라 배척 정책을 펼쳐 몽골풍, 몽골 연호, 관제를 폐지했다. 쌍성총관부를 폐지하고 영토를 회복하였다. 그리고 신돈을 등용하여 개혁 정치를 펼쳤다.

그 순간 공민왕의 머릿속에는 지난 세월이 주마등처럼 흘러갔다.

'내가 대군으로서 원나라에 있을 때 공주를 처음 만났었지.'

그랬다. 충숙왕의 둘째 아들로 태어난 공민왕은 12세가 되던 1341년(충혜왕 복위 2)에 원나라에 들어가서 10년 동안 머물러 있을 때인 1349년 원나라 위왕(魏王)의 딸인 보탑실리(寶塔失里)와 결혼했다. 보탑실리는 혼인과 더불어 승의공주(承懿公主)로 책봉되었고, 사후에 노국대장공주(魯國大長公主)라는 시호(諡號)를 받았다.

공민왕은 1351년 충정왕(忠定王)의 뒤를 이어 고려 제31대 왕으로 즉위했고, 노국대장공주는 정비(正妃)로서 임금의 사랑을 듬뿍 받았다. 당시 공민왕은 20대 초반의 기운 왕성한 젊은이였기에 나랏일에도 열정을 발휘했다.

"저는 당신의 일을 적극 지지해요."

"고맙소."

공민왕은 왕비의 믿음에 힘을 얻어 반원 개혁 정치를 적극 펼쳤다. 예컨대 몽골 풍습인 변발과 호복을 없애고 신하들로 하여금 고려 전래의 복장을 하게 하여 민족적 자긍심을 지니도록 했다. 때마침 원나라는 힘을 잃고 패망해 가던 시기였고 각지에서 한족이 반란을 일으켰기에 고려를 제대로 견제할 여유가 없었다. 이러할 때 공민왕은 원나라에 볼모로 있었을 때의 굴욕감을 깨끗이 씻고자 강력한 자주 정책을 펴 나갔던 것이다. 부부 사이의 금슬도 무척 좋아서, 공민왕은 틈만 나면 노국대장공주를 찾았다.

그러나 모든 것이 순조롭지만은 않았다. 기득권층인 권문세족이 교묘히 반발했고, 홍건적이 고려로 침략해 들어와 나라를 혼란에 빠뜨렸다. 이로 인해 고려는 막대한 피해를 입었으며 공민왕은 죽을 고비를 넘겼다.

노국대장공주는 홍건적의 난을 피해 공민왕이 남으로 내려갈 때 곁에서 시종하였고, 흥왕사에서 홍건적이 왕이 있음을 알고 들이닥쳤을 때 문 앞을 막아선 채 침착하게 대응하는 등 언제나 왕을 극진히 보호했다.

뿐인가. 몇 년이 지나도 아이가 생기지 않아 1359년(공민왕 8) 신하들이 후궁 선택을 왕에게 건의했을 때 노국대장공주도 순순히 그에 동의하여 왕의 마음 부담을 덜어 주었다. 그해 5월 이제현의 딸이 왕비(혜비 이씨)로 간택되어 입궁했다. 하지만 막상 혜비 이씨가 왕궁에 들어오자 노국대장공주는 심한 질투를 느껴 식음을 전폐하고 앓아눕기도 했다.

"아무것도 먹고 싶지 않으니 상을 물리거라."

이에 공민왕은 노국대장공주를 달래고자 애썼고 더 많은 시간을 함께 했다. 그 노력 덕분인지 1364년(공민왕 13) 노국대장공주는 그토록 기다렸던 아이를 가지는 데 성공했다. 공민왕은 그 기쁨을 사면령으로 나타냈다.

"전국에 있는 죄수들을 특별히 풀어 주어 국가적 경사를 축복하게 하라!"

그러나 임신은 노국대장공주에게 먼저 행복을 주고는 이어 불행을 안겨 주었다. 1365년(공민왕 14) 2월 난산으로 인해 노국대장공주가 아이를 낳지 못하고 죽은 것이다.

"어떻게 이런 일이……. 차라리 아이를 갖지 말 것을…… 아, 아, 나는 어쩌란 말인가."

노국대장공주의 갑작스런 죽음은 공민왕에게 상당한 충격을 주었다. 공민왕의 슬픔은 이만저만한 것이 아니었으며 마치 혼이 나간 사람처럼 지냈다. 한 몸처럼 느꼈던 아내였기에 그랬다. 일단 공민왕은 노국대장공주의 장례식을 호화롭게 치른 다음 정릉(正陵)에 안치했다. 감성이 풍부했던 공민왕은 모든 일에 의욕을 잃은 나머지 그 뒤 나랏일을 제쳐두고 오로지 노국대장공주만 생각하며 지냈다. 원래부터 그림 재능이 있었던 공민왕은 정성들여 아내의 초상화를 그려 벽에 걸어 놓고 산 사람을 대하듯 대화하고 울곤 했다.

공민왕은 그 초상화를 모시고자 영전(影殿)을 건립했으며 노국대장공주의 영혼을 위로하고자 승려를 불러 제사를 지냈다.

이 과정에서 공민왕은 승려 **신돈(辛旽, ?~1371)**[3]을 알게 되었다. 공민왕은 신돈을 자주 만나면서 점차 총애하며 국사를 의논하기도 했다. 신돈은 눈치가 빨라 공민왕에게 새 여자를 바치기도 했다.

어느 날 공민왕이 신돈의 집에 들렀을 때의 일이다. 공민왕은 신돈과 환담을 나누다가 음식을 가져온 계집종 반야(般若)를 보는 순간 잠시 말을 멈췄다. 뛰어나게 예뻐서가 아니라 어딘지 모르게 노국대장공주의 심상(心象)을 느낀 까닭이었다.

'노국대장공주가 살아 돌아온 것 같구나.'

공민왕의 눈에는 반야가 꿈에서도 보고 싶어 찾아 헤매던 노국대장공주의 환생처럼 느껴졌던 것이다. 왕의 마음이 살짝 흔들리고 있음을 눈치챈 신돈이 말했다.

"전하, 마음에 드시옵니까?"

공민왕은 대답 대신 고개를 끄떡였다. 신돈은 재빨리 이야기를 마친 다음 왕을 방으로 모셨다. 잠시 후 반야가 들어왔는데 용모도 노국대장공주와 제

---

[3] **신돈** : 고려 말기의 승려. 옥천사의 절 노비의 아들이다. 1365년 공민왕의 신임을 받아 청한거사(淸閑居士)라는 호를 하사받았고 사부(師傅)로서 국정에 참여하게 되었다. 국정을 장악하고, 전제 개혁(田制改革), 노비 해방 따위의 개혁 정책을 폈으나, 상층 계급의 반발로 실패하였다. 나중에 왕을 시해하려는 음모가 발각되어 처형되었다.

법 닮았거니와 옷까지 같은 것을 입고 있었다. 신돈이 그리 입힌 것이었지만 공민왕은 그런 것을 생각하기보다는 노국대장공주를 보는 것 같아 크게 흥분했다.

왕은 반야를 와락 품에 안았다. 그후 공민왕은 자주 신돈의 집을 찾아가 반야와 정을 맺었다. 그로부터 몇 달이 지나 반야는 임신 사실을 왕에게 알렸다.

"내 아이를 가졌다고? 오, 참으로 기쁘구나."

공민왕은 후사가 없었기에 매우 기뻐했고, 반야가 무사히 아들을 낳기를 기원했다. 다행히 반야는 건강하게 아들을 낳았다.

공민왕은 갓난아이에게 '모니노(牟尼奴)'라는 이름을 지어 준 다음 궁궐로 데려올 기회를 살폈다. 항간에는 모니노가 신돈의 아이라는 소문도 돌았지만 공민왕은 자기 자식임을 확신했다.

"신돈이 모반을 했다고?"

이때 신돈이 몰래 정권을 엎으려 하고 있다는 투서가 날아들자, 공민왕은 신돈에게 깊은 배신감을 느껴 즉각 관직을 삭탈하고 주살했다.

'이참에 모니노를 데려와야겠다.'

공민왕은 반대하는 태후를 설득하여 모니노를 궁궐로 데려왔고 이름을 '우(禑)'로 고치고 강녕부원대군(江寧府院大君)에 봉했다. 그리고 계집종에게서 얻은 자식이라 하면 흉이 될 것 같기에 궁인 한씨(韓氏)의 아이라고 꾸며대었다.

그런데 1374년 공민왕이 갑작스레 시해되었다. **자제위(子弟衛)**• 소속 홍윤(洪倫)이 익비를 범하여 임신시키자, 공민왕이 그 사실을 은폐하기 위해 홍윤과 그 무리들을 죽이려다가 도리어 그들에게 살해된 것이다. 이로써 공민왕은 즉위 23년 만인 44세를 일기로 생을 마감했다. 공민왕이 죽은 후 우왕이 9세 나이에 고려 제32대 왕으로 즉위했다.

일이 이렇게 되자 절망에 빠진 사람이 있었다. 바로 반야였다. 왕의 아들을 낳았기에 이제 편하게 살 수 있으리라 잔뜩 기대하고 있었는데 마른하늘에 날벼락 같은 일이 연이어 벌어졌기 때문이다. 왕의 생모라는 사실도 인정받지 못한 채 그저 공민왕으로부터 반가운 연락만 기다렸는데 공민왕마저 세상을 떠나니, 참으로 황당했다. 기댈 곳은 새로 왕위에 오른 아들 우왕뿐이었다. 반야는 분하고 억울한 마음을 참으며 결심했다.

'태후와 신하들이 농간을 부린 게 틀림없어. 내일은 직접 상감을 찾아가 만나자. 상감이 나를 보면 어미인 줄 금방 알게 될 거야.'

이튿날 반야는 먼저 태후전으로 가서 태후와의 만남을 청했다. 수문장이 거들떠보지도 않은 채 돌아가라고 하자 반야가 소리쳤다.

"너희들은 내가 누구인지 모르는 모양이구나. 나는 상감의 생모란 말이다. 어서 태후마마께 그 사실을 전해라!"

반야의 사나운 기세에 놀란 수문장이 태후에게 상황을 보고하니 태후는 일단 안으로 들여보내게 했다. 반야는 태후를 보자마자 통곡하며 말했다.

"태후마마께서도 어머니의 정을 잘 아실 것이옵니다. 상감은 틀림없이 제 몸에서 나신 분인데 어찌하여 모자의 정을 끊으시옵니까? 흑흑흑!"

반야의 호소에, 태후는 당황한 마음을 숨긴 채 살기등등한 목소리로 말했다.

"네가 불경한 소리를 함부로 내뱉는구나. 여봐라. 저 미친년을 당장 옥에 가두어라!"

태후는 반야를 그대로 두었다가는 왕가의 체면이 크게 손상될까 염려하여 사람을 시켜 반야를 임진강에 던져 죽게 만들었다. 반야는 죽는 순간까지 상감의 생모라고 외쳤으나 그 울부짖음은 물속에 가라앉고 말았다.

한편, 공민왕을 모신 현릉(玄陵)은 노국대장공주의 능 바로 옆에 마련됐는데 내외 두 사람의 능을 한곳에 나란히 쓰기는 이때가 처음이었다.

• 자제위의 은밀한 야담

공민왕은 즉위 초기 강력한 개혁 정책을 펴며 자주 고려의 중흥을 꾀했다. 안으로는 원나라를 믿고 설치는 권신들을 제거하며 100년이나 존속해 온 쌍성총관부(雙城摠管府)를 폐지했고, 밖으로는 원나라에게 빼앗겼던 영토를 회복하는 등 나름의 성과를 거두었다.

그러나 노국대장공주가 죽은 뒤 그는 시름에 젖어 나랏일을 제대로 살피지 않았다. 모든 일을 신돈에게 맡기고 자신은 노국대장공주만을 생각하며 추모의 시간을 가졌다. 그러다 1371년 신돈의 모반 사건이 일어나 신돈을 처형한 뒤에는 더욱 허전한 마음에 괴로워했다.

공민왕은 1372년(공민왕 21) 명문 자제들로 구성된 자제위를 설치하여 왕을 보호하며 시위케 했다. 그런데 자제위는 젊은 지도자를 양성하기 위한 친위대였지만 한편으로 이른바 용양의 상대였다. 공민왕은 사랑하는 아내를 잃은 슬픔과 믿었던 신돈에 대한 배신감으로 인한 충격 때문인지 이때부터 미소년들과 유희를 즐겼던 것이다. 공민왕은 자제위에 속한 미소년, 미청년 들이 보자기로 얼굴을 덮은 여비(女婢)와 정을 통하는 장면을 보면서 마음이 동하면 자제위를 끌어들여 놀곤 했다. 공민왕의 이상한 성생활은 여기서 그치지 않았다.

"왕비와 정을 통하여라!"

"왕비는 내 말을 들으시오!"

공민왕은 자제위 미소년에게 후궁을 범하게 하는 변태적 모습도 보였다. 혜비 이씨와 정비 안씨, 그리고 신비 염씨는 이러한 왕의 부당한 명령을 거부하였지만 익비 한씨는 마지못해 받아들여 자제위 소속 홍윤의 아이를 가졌다. 막상 그렇게 되자 공민왕은 익비가 낳은 아이를 자기 자식으로 삼고자 홍윤 일파를 죽여 사실을 은폐하려 했다. 하지만 그 정보가 새는 바람에 반대로 공민왕이 죽임을 당하고 말았다. 참으로 허무한 죽음이었다.

문익점의 붓두껍 목화씨
밀수의 진실

'고려 말엽 원나라에 가 있던 **문익점**(文益漸, 1329~1398)[1]은 목화씨를 붓두껍 속에 넣어 엄중한 감시를 뚫고 이 땅에 처음 들여오는 데 성공했다.'

이는 문익점의 공적을 언급할 때 늘 따라다니는 이야기인데, 정말 그럴까? 만약 사실이 아니라면 무엇이 오류일까? 그에 대해 알아보려면 시대 배경부터 살펴보아야 한다.

14세기 중엽 고려에서 권세를 믿고 악행을 일삼다가 원나라로 망명한 **최유**(崔濡, ?~1364)[2]는 그곳에서 어사 벼슬을 하다가 공민왕이 즉위하자 왕을 호종(扈從: 임금을 모시고 따라감)하게 되었다. 하지만 신분이 불안을 느껴 고려로 가던 중 요양에서 몰래 도망하여 원으로 되돌아갔다.

---

[1] **문익점** : 고려 시대의 학자, 문신. 공민왕 때 사신으로 이공수를 따라 중국 원나라에 들어가 덕흥군(德興君)을 왕으로 내세우는 일에 가담했으나 실패하였다. 나중에 고려로 돌아올 때 목화씨를 가지고 왔다. 고향에서 장인 정천익과 함께 목화 재배에 성공하였다.

[2] **최유** : 고려에 불만을 품고 1350년 동생과 함께 원나라로 도망하였다. 공민왕에게 복수할 기회를 노리던 기황후를 설득하여 공민왕을 폐하고 덕흥군을 왕으로 세울 것을 모의하였다. 1364년 군사 1만 명을 이끌고 압록강을 건넜으나 이성계 등의 고려군에게 크게 패해 연경으로 도망쳤다. 나중에 원에서 탄핵을 받아 고려로 압송되어 사형당하였다.

최유는 원나라 황실을 꼬드겨 고려 정부에 남방 정벌군 10만 명 징벌을 요구하게 만들었다. 공민왕은 그 요구를 거절하면서 원나라 기황후의 친오빠라는 배경을 믿고 횡포를 일삼던 기철을 제거하는 등 친원파를 대거 몰아내었다.

‘감히 내 오빠를 쫓아내다니!’

그 소식을 들은 기황후는 크게 분노하며 복수를 다짐했고, 최유는 그걸 눈치채고 기황후를 충동질했다.

“감히 원나라를 무시하는 공민왕을 왕위에서 내려오게 해야 합니다.”

“다음 왕에는 누가 적합한가?”

“여기 와 있는 덕흥군(德興君) 왕혜(王譓)를 내세우면 되지요.”

“그렇다면 무슨 구실로 공민왕을 제거할 수 있는가?”

“그건 제게 맡겨 주옵소서. 계책이 있습니다.”

이처럼 기황후와 모의를 한 최유는 원나라 순제에게 거짓 보고를 했다.

“고려는 홍건적 침입 때 국인을 잃어버려 자체적으로 만든 국인을 사용하고 있습니다. 따라서 공민왕은 고려 국왕의 자격이 없습니다.”

나랏일을 기황후에게 크게 의지하고 있던 순제는 공민왕을 폐하고 덕흥군을 고려 국왕에 임명했다. 이어 순제는 사신을 보내 공민왕의 옥새를 회수케 했다.

1363년 공민왕은 이공수와 허강 등을 원나라에 사신으로 보내 화친을 도모했다. 사신 일행 중에는 문익점도 있었다. 원나라 황실이 덕흥군을 고집하자, 이공수는 공민왕 복위의 뜻을 이룰 때까지 고려에 돌아가지 않겠다며 원나라에 머물렀다.

원나라는 고려 사신들에게 덕흥군을 받들라고 압박했다. 하여 원나라에 간 고려 신하들은 둘 중 하나를 택해야만 했다.

'공민왕이냐, 덕흥군이냐?'

이공수는 기황후의 외사촌인 덕분에 그곳에서 태상경으로 지냈으나 덕흥군을 받들지는 않았다. 하지만 이듬해(1364) '이공수가 덕흥군의 우정승으로 임명됐다.' 라는 통역관 이득춘의 거짓 보고에 따라 고려 좌정승에서 파면되었다.

반면에 허강을 비롯한 대부분 사람들은 이전 사례들을 참조하여 덕흥군을 선택하여 벼슬을 했다. 충선왕, 충숙왕, 충혜왕 등이 모두 원나라에 의해 폐위되었다가 다시 즉위한 전례가 있었기 때문이다. 문익점도 덕흥군에게 붙어 벼슬을 받았다.

그러나 고려 공민왕이 순순히 물러나지 않자, 원나라는 보다 강력한 모습을 보여 주고자 병력 1만 명을 보내 고려를 치게 했다. 여기에는 물론 기황후의 복수심도 들어 있었다.

"최유가 군사를 거느리고 압록강을 건너왔습니다!"

침입 보고를 받은 공민왕은 서북부 일대를 방비토록 하면서 대응에 나섰다. 초기에는 일시 최유가 이끈 원나라에 밀렸으나 곧 최영과 이성계가 이끄는 고려군이 승리를 거두었다. 고려군에게 쫓긴 최유는 원나라로 돌아가 더 많은 병력을 요구하며 고려 정벌론을 주장했다.

그러나 원나라 감찰어사 누린이 강력히 반대하며 오히려 최유를 포박하게끔 했다. 그 무렵 원나라는 한족 반란군에 시달리느라 고려에 몰두할 여력이 없었기에 고려의 체면을 살려 주는 쪽으로 방향을 튼 것이었다. 원나라는 공민왕 복위를 선포하고는 최유를 고려로 보내 사형을 받게 했다.

상황이 이리 되자 허강을 비롯한 문익점 일행 처지가 참으로 난감해졌다. 졸지에 역신(逆臣)이 되었기 때문이다. 그렇지만 이공수 덕분에 문익점 일행은 죽음을 피할 수 있었다. 최유의 고려 침입 실패 이후에 이공수가 몰래 고려에 "최유와 허강 등이 또 모략을 꾸미므로 잘 경비하라."는 내용의 밀지를 보낸 바 있었기 때문이다. 이로 인해 이득춘의 말이 무고임을 인정받았으며 이공수는 고려에 돌아와 다시 등용되었다.

그와 더불어 문익점 일행도 오랜 원나라 생활을 끝내고 고려로 돌아왔다. 문익점은 파면되어 고향 진주 강성현으로 내려갔다. 이때 문익점은 좌절하지 않고 목화 재배에 정성을 기울였다.

"목화를 키워 보자!"

고려인들의 의생활이 너무 열악했기에 내린 결정이었다.그랬다. 당시 고려인은 마포(麻布: 삼베), 갈포(葛布: 칡으로 짠 베), 명주(明紬: 비단)로 만든 옷을 입고 생활했다. 하지만 면직물(綿織物: 목화솜을 원료로 짠 직물)은 없었다. 왕족이나 귀족들은 명주옷을 입고 명주 이불을 덮고 잤지만 대부분의 백성은 거친 섬유로 된 옷을 입고 지낸 것이다.

이에 비해 중국인은 목화를 이용해 따뜻한 솜을 만들고 면직물로 짠 옷을 입고 지냈다.

'베옷보다 가볍고 촉감이 좋구나. 솜이불은 또 얼마나 따뜻한가!'

면직은 삼베보다 질기고 방한력이 있으며 부드럽고 보기에 아름다워 여러 면에서 월등했다. 문익점은 중국에서 우연히 목화 농장을 방문했다가 면직물 옷과 솜이불에 크게 감동한 바 있었다. 그날 그는 목화씨를 고려에 가져가야겠다는 결심을 했다. 당시 고려에서는 목화를 재배하지 않았기 때문이다.

그리하여 문익점은 농가에서 얻은 목화씨 몇 알을 소중히 간직하여 고려에 가지고 왔다. 이때 그가 붓두껍에 목화씨를 넣어 밀수했다는 것은 사실이 아니다. 『고려사』 어디에도 그런 기록이 없기 때문이다. 『고려사』 「문익점 열전」의 내용을 살펴보면 다음과 같다.

"문익점은 진주 강성현 사람인데 공민왕 때에 과거에 급제하여 여러 번 승진해 정언(正言)이 되었다. 원나라에 사신으로 갔다가 덕흥군에게 붙었던 바 덕흥군이 패배하니 본국으로 돌아오면서 목화씨를 얻어 가지고 와서 장인 **정천익(鄭天益, ?~?)**[3]에게 부탁하여 그것을 심었다. 처음에는 재배하는 방법을 몰라서 거의 다 말라 버리고 한 그루만 남았었는데 세 해만에 마침내 크게 불었다. 목화씨를 뽑는 물레와 실을 켜는 물레들은 다 정천익이 처음 만들었다."

'몰래 붓두껍에 숨겨 온' 것이 아니라 '얻어 가지고 온' 것이다. 그러하면 어찌하여 잘못된 내용이 사실처럼 널리 퍼졌을까?

결론부터 말하자면 그것은 문익점의 공로를 강조하고자 후에 누군가에 의해 각색된 이야기임에 분명하다. 사실이라고 보기에는 그 밖에도 허점이 많은 끼닭이다.

예를 들면 원나라가 목화씨 반출을 금지했다는 내용도 사실이 아니다. 당시의 어떤 문헌에도 원나라의 대외 반출 금지 품목에 목화는 들어 있지 않

---

❸ 정천익 : 고려의 농부. 문익점의 장인이다. 문익점이 원나라에서 목화씨를 가지고 오자 문익점과 함께 3년 동안 연구 재배한 후 고려에 처음으로 목화를 번식시켰다. 이후 직조법을 익혀 목화 직조의 길을 열었으며, 씨아와 물레를 만들어 사용할 수 있도록 하였다.

다. 또한 송나라 때만 해도 목화는 중국 강남(江南: 양자강 남쪽)에서만 재배되었으나 원나라 때에 이르러 북방 한계선에서도 자라는 개량종이 나오는 등 목화 관련 산업이 크게 발달했다. 비교적 추운 한반도에서 목화가 자랄 수 있었던 이유도 여기에 있다.

그러니 문익점이 목화씨를 붓두껍에 숨길 필요도 없었다. 문익점은 1398년(조선 태조 7)에 세상을 떠났는데 『태조실록』에는 그에 대해 다음과 같이 기록하고 있다.

"문익점이 길가의 목면 나무를 보고 그 씨 10여 개를 따서 주머니에 넣어 가져왔다. 그중 절반을 정천익에게 심어 기르게 했는데 한 개만이 살아남았다."

그러므로 붓두껍 속에 숨겨 온 목화씨 밀수 역시 이야기를 흥미롭게 하기 위한 허위임을 알 수 있다. 문익점이 강남으로 유배되어 갔다는 것도 사실이 아니다. 문익점이 들여온 목화씨는 다년생 강남 목화씨가 아니라 1년생 강북 목화씨이며, 그는 강남에 가지도 않았다.

그렇다고 문익점의 공로가 미미하다는 것은 아니다. 대부분 정치인들이 권력 투쟁에 몰두할 때 그는 민생을 생각하여 다소 귀찮거나 사소해 보일 수 있는 목화씨를 반입했는데, 이는 결코 가볍게 볼 일이 아니다.

더구나 그는 장인 정천익과 더불어 몇 년을 노심초사하며 목화씨 재배에 공을 들였고, 나아가 중국에서 보고 들은 이야기를 정천익에게 해 주어 물레를 만드는 데 크게 도움을 주었다. 그 공을 기려 훗날 조식(曹植)은 문익점에게 "백성에게 옷을 입힌 것이 농사를 시작한 옛 중국의 후직씨와 같다."라는 시를 지어 찬양한 바 있다.

문익점을 거론할 때 빠질 수 없는 인물이 있다. 바로 정천익이다. 그는 문익점에게 받은 목화씨를 직접 땅에 심어 길렀으며 어렵게 나무를 키운 뒤에는 연구에 연구를 거듭하여 씨아(목화씨 빼는 틀)와 물레(솜에서 섬유를 자아서 실을 만드는 기구)를 창안하여 널리 보급했다. 문익점이 견문 지식을 제공하고, 정천익이 각고의 연구와 노력으로 결실을 본 것이다.

이후 우리나라 사람들은 의복에 일대 큰 변화를 맞이했으니 두 사람의 희생적인 노력은 칭찬하고 칭찬해도 부족함이 없다. 따뜻하고 푹신한 솜이불*을 덮고 자게 만들어 준 우리나라 의류 혁명의 일등 공신, 바로 문익점과 정천익이다.

• 솜이불의 유래

'이불'이란 사람이 잠잘 때 덮는 침구의 한 가지를 가리키는 말이다. 일반적으로 '솜이불'을 의미한다.

이불은 중국에서 발생했는데, 이유는 다소 엉뚱하다. 열강이 팽팽한 세력을 유지하며 서로 견제하던 전국 시대 때 무장(武將)들은 언제 적이 들이닥칠지 몰라 불안해했다. 제대로 싸워 보지도 못하고 죽임을 당하는 것이 너무 억울했기 때문이다. 하여 고심 끝에 솜을 넣어 만든 두툼한 솜옷을 입고 잠자리에 들었으니, 이것이 점차 이불로서 정착했다.

하지만 민간에서도 이불에 솜을 넣은 것은 송(宋)나라 시대 이후라고 한다.

우리나라의 경우 덮고 자는 이불의 역사는 오래됐으나 솜이불은 고려 시대 말엽부터 사용되었다. 고려 공민왕 12년(1362)에 원나라에 사신으로 갔던 문익점이 목화씨를 들여온 뒤에야 '솜'이 비로소 등장했기 때문이다.

직접 확인할 수 있는 실물로는 임진왜란 당시 옥사한 김덕령의 묘에서 출토된 부장품 이불이 가장 오래되었다. 그 형태는 현재와 큰 차이가 없다.

이제현의 충성스런
거짓말

1308년 **충렬왕**(忠烈王, 1236~1308)[1]이 승하함에 따라, 원나라에 볼모로 있던 세자가 왕위에 오르게 되었다. 세자는 급히 귀국 준비를 하면서 연화(蓮花)라는 여인을 데리고 가려 했다. 하지만 여러 신하들이 그에 대해 반대했다.

"시급히 귀국하여 보위에 오르셔야 할진대 보잘것없는 여인을 거느리고 갈 수는 없습니다."

세자는 어쩔 수 없이 연화와 애절한 마음으로 이별해야만 했다. 잠깐이라도 보려 했으나 '만나면 이별이 더 힘들어진다.' 면서 신하들이 그마저 말려 참아야 했다.

드디어 고려로 돌아가는 날 아침에 세자는 사람을 시켜 연꽃 한 송이를 연

---

[1] **충렬왕** : 고려의 제25대 왕(재위 1274~1308). 제24대 원종(元宗)의 맏아들이다. 원의 지나친 간섭과 왕비의 죽음 등으로 정치에 염증을 느껴 왕위를 선위했으나 7개월 만에 복위하였다. 음주 가무와 사냥으로 소일하며 정사를 돌보지 않다가 재위 34년 만인 1308년에 죽었다.

화에게 보내며 마지막 인사를 했다. 그리고 그대로 출발하여 집을 나섰다가 아무래도 연화를 잊을 수 없는지 세자는 **이제현**˚에게 말했다.

"그대는 지금 가서 연화가 뭘 하고 있는지 알아보고 오너라."

"예……? 알겠사옵니다."

이제현은 가던 길을 멈추고 돌아서서 연화에게 가 보았다. 연화는 오로지 세자만을 생각하며 울고 있었다. 이제현이 다가가서 연화 얼굴을 보니 거의 환자 수준이었다. 며칠째 아무것도 못 먹고 누워서 말도 제대로 못하는 지경이었던 것이다.

연화는 이제현을 보더니 힘겹게 시 한 수를 써내려갔다.

> 떠나며 보내신 연꽃 한 송이 처음엔 너무도 붉었습니다.
> 줄기를 떠난 지 며칠 못 되어 초췌함이 내 모습과 한가지랍니다.
>
> (贈送蓮花片, 初來的的紅. 辭枝今幾日, 憔悴與人同.)

버림받은 자기 신세가 마치 꺾인 연꽃처럼 생기 잃었음을 나타낸 시였다. 연화는 눈물을 글썽이며 세자에게 꼭 전해 달라고 신신당부했다. 이제현은 알겠다고 대답하며 그 글을 받았다.

그러나 이제현은 세자에게로 돌아와 다음과 같이 거짓말을 했다.

"가 보니 마침 집에 없기에 이웃에 물으니 가까운 술집에 갔다 하여 거기까지 찾아갔습니다."

"뭐라? 그, 그래서?"

뜻밖의 보고에 당황한 세자가 보다 자세한 상황을 묻자, 이제현은 매우 송구스러운 표정으로 말했다.

"아뢰옵기 황공하오나 그 여인은 술 마시는 젊은이들 사이에 앉아 있었습니다."

세자는 크게 실망한 얼굴로 믿기 어렵다는 듯 재차 물었다.

"분명한 말인가?"

"그렇사옵니다. 감히 신이 전하를 속이겠습니까?"

이제현이 침착하게 대답하자 세자는 배신감에 분노를 느끼며 혼잣말하듯 내뱉었다.

"저런, 몹쓸 년을 보았나. 나 없이는 못 산다 하더니 하루도 지나지 않아 변심하는구나. 허! 계집이란 다 그렇고 그러한 걸 미처 몰랐던 스스로가 한심하구나. 정녕 그렇다면 이제 미련 없으니 어서 떠나자."

세자는 급히 고려로 돌아왔고, 고려의 제26대 왕에 올랐으니 바로 충선왕(忠宣王, 1275~1325)이다.

이듬해 충선왕 생일에 이제현이 축수(祝壽) 잔을 올리고는 뜰아래 엎드리더니 머리를 조아리며 말했다.

"신이 전하께 죽을죄를 지었습니다."

"무슨 일이 있는가?"

충선왕이 걱정스런 얼굴로 묻자, 이제현은 지난해 있었던 일을 사실대로 고백하고는 연화가 쓴 시를 왕에게 바쳤다. 충선왕은 뒤늦게 받아든 시를 읽더니 눈물을 주르르 흘렸다. 연화에 대한 그리움과 연화의 순정을 미처 몰라 주었던 자신에 대한 자책 때문이었다.

"감히 전하를 속인 신을 죽여 주시옵소서!"

이제현이 충심으로 벌을 청하자, 충선왕이 물기 가득한 눈길로 말했다.

"그날 만약 내가 이 시를 보았다면 무슨 일이 있어도 다시 연화에게로 돌아갔을 것이오. 그대가 나를 사랑한 까닭에 거짓으로 말하였으니 참으로 그 충성이 간절한데 내 어찌 벌하겠는가?"

이제현은 충선왕의 성품으로 미루어 당시 사실대로 말하면 연화에게 그길로 되돌아가리라 생각하여 거짓말을 한 것이었다. 국왕의 자리가 비어 있으니 한시라도 빨리 돌아가야 했기 때문이다. 충선왕도 그 점을 익히 알기에 이제현의 충정을 높이 평가한 것이다.

• 이제현의 아호 '역옹'에 담긴 뜻

이제현은 고려 후기 학자이자 정치가이다. 초명은 지공(之公). 자는 중사(仲思), 호는 익재(益齋), 역옹(櫟翁)이다.

그는 1314년 충선왕이 왕위를 충숙왕에게 물려주고 다시 원나라로 갔을 때 부름을 받아 원나라 수도 연경(燕京)의 만권당(萬卷堂)에 머물게 됨으로써 학문과 식견을 넓힐 수 있었다. 충선왕은 강력한 개혁 정책을 추진하다가 원나라에 의해 강제로 왕위에서 물러난 다음, 원나라에 있으면서 새로이 만권당을 짓고 서사(書史)를 즐기며 원나라의 유명한 학자, 문인들을 드나들게 했다. 그리고 그들과 상대할 고려 측 인물로 이제현을 지명했다.

이후 이제현은 고려에 성리학의 기초를 세운 백이정(白頤正)의 제자로서 성리학 보급에 크게 노력했다. 그러나 이제현은 성리학에만 기울었던 것은 아니었으며, 문학 부문에서 대가를 이루었다. 저술로는 『익재난고』와 『역옹패설』을 남겼다. 『역옹패설』은 이제현이 1342년(충혜왕 3)에 지은 시화 잡록집으로, 나이 56세 때 조정에서 간신이 날뛸 때 산골에 칩거하는 중 장마철의 무료함을 달래기 위해 썼다고 한다.

한편 이제옹은 자신의 호를 '역옹(쓸모없는 나무 같은 늙은이)'이라 한 이유를 다음과 같이 밝혔다.

"대저 '櫟(쓸모없는 나무 력)'자에 딸린 '樂(즐거울 낙)'은 소리[聲] 글자이다. 그러나 재목이 못 되기 때문에 해(害)에서 멀리 벗어날 수 있으니 이는 나무에게 즐거워할 만한 일이므로 이것이 낙(樂)자가 딸린 이유도 된다. 내 일찍부터 대부(大夫) 반열에 끼어 있으면서 스스로 화를 면하고 본성을 지킬 수 있었으므로 호를 역옹이라 하였는데 행여 재목감이 못 되어 천수(天壽)는 누릴 수 있으리라고 여겨서였다."

벼락보다도 무서운
인간의 욕망

"쿠르르르릉!"

고려 제32대 우왕 때의 일이다. 1376년(우왕 2) 7월, 개경 땅에 지진이 크게 일어나더니 엄청난 비가 내렸다. 그 와중에 한천군(漢川君) 왕규(王䠅)의 집에 여러 개의 벼락이 떨어졌다.

"우르릉 쾅!"

"으악!"

순식간에 왕규와 그의 아내 박씨 그리고 어린 아들이 그 자리에 쓰러졌다. 이들은 벼락을 맞기는 했으나 아직 목숨이 붙어 있었다. 그런데 하인들이 이들을 돕거나 구하기는커녕 놀란 나머지 집 밖으로 도망가면서 외쳤다.

"한천군의 집에 벼락이 떨어졌다!"

소문은 매우 빨리 사방에 퍼졌는데 그때 놀라운 일이 벌어졌다. 쏟아지는 비를 무릅쓰고 많은 사람들이 한천군의 집으로 몰려든 것이다. 하지만 그 이유는 한천군 가족을 구조하려는 것이 아니라 다른 데 있었으니 벼락 맞은 물건을 가져가기 위함이었다. 그 무렵 **'벼락이 떨어진 집의 물건을 가지고 있으면 부자가 된다.'**라는 미신에 따른 행동이었던 것이다. 하여 모여든 사람들은 돈, 옷감, 소, 말, 마차, 수레, 가구, 그릇 등을 마구 집어 갔고 나중에 온 사람들은 쓸모 있는 게 바닥나자 지붕에서 떨어진 기왓장과 돌멩이 등을 가져갔다. 그 행렬이 얼마나 길었는지 덩달아 달려온 사람도 적지 않았다.

"뭣들 하는 건가?"

"아직도 모르고 있는가?"

"뭘?"

"어서 가 보게. 한천군 집에 벼락이 떨어졌으니."

"그래? 뭐 남은 것 있는가?"

"별거 없지. 그러니 깨진 기왓장이라도 하나 들고 오게 그려."

"아이쿠, 서둘러야겠군."

결국 한천군 집은 사람들의 약탈에 의해 벌판으로 변해 버렸다. 그렇지만 여기서 끝난 게 아니었다.

"뭐야? 아무것도 없잖아!"

"기왓장이라도 가져가려 했는데, 기와는커녕 돌멩이 하나 없네."

뒤늦게 한천군 집으로 온 사람들은 허탈해하다가 뭔가에 시선을 돌리더니 탐욕의 눈길을 보냈다.

"살려줘! 으악!"

이미 이성을 잃은 사람들은 아직 목숨이 끊어지지 않은 왕규와 그 가족의 팔 다리며 살점을 도려내어 떼어 갔다. 살기등등한 그들을 말리는 사람은 아무도 없었고 그마저 서로 가져가려 다투었다. 실로 잔인하고 무서운 미신의

피해였다. 후에 관에서는 피탈당한 모든 물건을 다시 찾아서 왕규 친척에게
돌려주었지만 『고려사』에 기록된 이때의 참극은 두고두고 사람들 입에 오르
내렸다.

• 벼락 맞은 물건과 행운의 관계

예부터 벼락 맞은 물건을 재수 좋다고 생각했는데, 그런 정서는 벼락 맞은 대추나무를 믿는 미신에 아직도 남아 있다. 요즘에는 벼락 맞은 대추나무로 인장(印章)을 파거나 부적을 지니고 다니곤 한다. 1998년 11월 서울의 한 백화점에서는 대입 수능 시험을 앞두고 감사와 격려 메시지를 전하는 '합격 기원 행운 나무' 행사를 열어 고객을 끌어모았는데, 이때 벼락 맞은 대추나무를 메시지 전달자로 사용했다. 왜 벼락 맞은 대추나무를 '행운의 상징'으로 여길까?

전통적으로 대추나무는 네 가지 이득이 있다고 했다. 심은 해에 바로 돈이 되는 것, 한 그루에 많은 열매가 열리는 것, 나무 재질이 단단하여 방망이, 홍두깨, 절구 공이 등등 쓸모가 많은 것, 귀신을 쫓는 것이 그것이다.

하지만 대추나무의 상징성은 그 무엇보다도 '붉은색'에 있다. 귀신은 붉은색을 싫어하는데 대추는 온통 붉은색이기 때문이다. 대추는 열매뿐만 아니라 목심(木心)까지도 붉고 나무껍질에는 귀신이 질겁하는 가시들이 가득 있다. 여기에 벼락까지 맞은 대추나무는 하늘의 노여움까지 지니게 되었으니 귀신이 얼씬거릴 수 없다고 여겼던 것이다. 이런 정서가 나아가 행운을 불러오는 상징물로 그 의미가 확대되었다.

그런데 벼락 맞은 대추나무는 묘하게도 물속에 가라앉는다. 모든 나무는 물위에 뜨지만 이것만은 물에 잠기는 것이다. 이런 특성은 벼락 맞은 대추나무의 신비성을 더욱 강하게 만들었던 것이다.

한편 고려 말엽 벼락 맞은 물건에 행운이 스며 있다고 믿은 것 역시 '하늘의 노여움'을 '하늘의 강력한 기운'으로 풀이한 데 있다.

천하 장군을 도망치게 만든 마누라 강짜

고려 말엽 여러 차례 왜구를 물리쳐 이름을 떨치고, 왜군에게서 빼앗은 우마와 재물 따위 노획물을 헐벗은 병사와 백성에게 골고루 나눠 준 사람이 있었다. 바로 **최운해**(崔雲海, 1347~1404)[1]였다. 그는 지략과 용맹을 겸비한 명장으로 왜구에게는 공포의 적장, 아군에게는 어진 지도자였다. 그런 최운해가 1385년 충주병마사로 있을 때의 일이다.

최운해는 오래간만에 임지에 있다가 아내가 있는 광주에 들러 기분 좋게 집 안으로 들어섰다. 그런데 아내 권씨는 반가워하기보다는 뜬금없이 강짜를 부렸다.

"흥, 좋겠군. 어떤 년을 끼고 잤다가 오시오?"

"부인, 그게 무슨 소리요?"

---

[1] **최운해** : 고려 말, 조선 초의 무신. 왜구를 여러 차례 무찌르고, 그 노획물로 굶주린 백성을 먹였다. 1388년(우왕 14) 때 라오둥[遼東] 정벌에 출정했다. 1392년 조선이 개국되자 개국원종공신(開國原從功臣)에 책록되었다. 경상도 병마도절제사가 되어 여러 번 왜군을 무찔렀다.

"시치미 떼기는……. 아유, 속상해라!"

자리에 앉은 최운해가 황당해하는데, 권씨는 다짜고짜 달려들어서 최운해의 얼굴을 할퀴었다. 느닷없는 공격으로 인해 얼굴에는 상처가 나고 피가 흘러내렸다. 놀란 최운해는 아내 권씨에게 말했다.

"부인 고정하시오! 도대체 왜 그러시오?"

"왜 그러냐고? 그걸 몰라서 물으시오!"

권씨는 또 달려들더니 옷을 확 잡아 찢었다. 그러고도 권씨는 멈추지 않았다. 더 이상 참기 힘들었던지 최운해는 어이없어하며 벌떡 일어나 밖으로 나가려 했다. 그러자 권씨가 남편의 등 뒤에 대고 말했다.

"흥! 죄가 있으니 겁나는 모양이지? 도망치는 걸 보니."

그래도 분이 안 풀렸는지 권씨는 씩씩거리며 옆에 놓여 있던 최운해의 칼을 집어 들더니 벽에 걸린 활〔弓〕*을 탁 내리쳤다. 그 힘이 얼마나 센지 활이 두 동강 나며 바닥에 떨어졌다.

밖으로 나간 최운해는 대문 앞을 서성거리며 어찌할 바를 몰랐다. 그대로 있자니 집안사람들 보기 민망하고, 밖으로 나가자니 권씨가 어떤 말을 지어내고 무슨 행패를 부릴지 모르기 때문이었다.

"가긴 어딜 가시오!"

권씨가 고함지르며 따라 나오더니 칼을 들어 최운해가 타고 온 말을 내리쳤다.

"히히힝!"

난데없이 칼을 맞은 말은 고통스러워 크게 울부짖더니 고삐를 끊고 달아나 버렸다.

"그래, 주인 잘못 만났으니 멀리 가거라!"

권씨는 도망치는 말에게 한마디 소리치는가 싶더니 이번에는 옆에 있던 개를 칼로 쳤다.

"깽!"

개는 외마디 소리와 함께 그 자리에서 죽었다. 최운해는 어쩔 줄 몰라 하며 권씨를 말리려 했다.

"부인! 고정하시오!"

권씨가 최운해에게 사납게 말했다.

"뭐가 겁이 나서 이러나?"

권씨는 또 칼을 번쩍 쳐들면서 최운해를 노려보았다. 그러자 최운해는 깜짝 놀라며 뒤도 돌아보지 않고 달아났다. 권씨는 기세등등하여 그 뒤에 외쳐 댔다.

"그래, 잘 가라! 다시는 오지 마라! 내 다른 남자와 살 테니!"

최운해는 왜군과 싸울 때는 물러서는 법 없이 당당했던 장군이었건만, 아내에게는 쩔쩔매는 남편이었던 것이다. 또한 부하들을 잘 다스려 신망을 얻은 지도자였지만 질투심 많은 아내만큼은 어찌 하지 못한 경처가였던 셈이다.

그렇지만 최운해로서는 매우 억울한 일이었다. 바람피운 일이 없건만 아내 권씨가 지레 짐작으로 넘겨짚어 질투를 부린 것이기 때문이다.

권씨는 그 뒤 최운해와의 부부 관계를 끊기도 전에 다른 남자와 결혼하여 사헌부로부터 탄핵을 받았다.

• 고려 시대 활의 특징

'활'은 화살을 메워서 쏘는 기구, '화살'은 활시위에 오늬를 메워서 당겨 쏘는 기구를 의미한다. 활과 화살은 가장 오래된 무기로서 구석기 시대부터 쓰였다. 초기에는 사냥용 무기로 이용되었고 이윽고 효과적인 전투 무기로 활용되었다.

우리나라의 경우 전통적으로 궁술(弓術)을 중요시하였으며 특히 고려 시대에 핵심적인 병기로 사용했다. 송나라 사신 서긍이 『고려도경』에서 '고려의 활은 탄궁(彈弓)과 모양이 비슷하고, 화살이 매우 멀리 날아간다.'라고 감탄할 정도로 고려인이 만든 활은 탄력성이 아주 뛰어났다.

고려 활은 대나무를 주재료로 삼아 뽕나무와 참나무를 덧대서 만들었다. 소의 등심줄을 잘게 찢어 활의 안쪽에 붙여서 탄력성을 강하게 했다. 활의 양끝에는 고래뼈를 붙였다. 고려 활은 1미터에서 1.5미터 사이 길이의 단궁으로 휴대하기에 편리했다.

이에 비해 비슷한 시기 일본 활은 길이가 2미터가 넘는, 직선에 가까운 장궁이었으며 대나무와 가래나무로 만들었다. 따라서 일본 활은 가지고 다니기에 번거로웠다.

날아가는 거리는 고려 활이 일본 활보다 대략 두 배 정도 길었고, 관통력도 고려 화살이 훨씬 강했다. 이런 성능 차이는 전쟁터에서 매우 큰 위력을 발휘하므로 승패에 결정적 영향을 끼쳤다. 고려가 백병전보다 거리를 두고 치르는 전쟁에서 더 많은 승리를 거둔 이유가 여기에 있다.

최영 장군 집 음식이
훌륭했던 까닭

최영(崔瑩, 1316~1388)[1]은 고려 말엽 이름을 떨친 장군이다. 본관은 철원(鐵原), 아호는 철성(鐵城)이다. 그는 아버지가 유언으로 남긴 '견금여석(見金如石: 황금 보기를 돌같이 하라)'이라는 네 글자를 가죽 띠에 써서 평생 허리에 차고 다닌 것으로도 유명하다. 아버지의 가르침을 항상 명심하며 살기 위한 처신이었다. 실제로 그는 일생 동안 사치스런 풍조를 경계하며 살았는데, 사실 그것은 그리 쉬운 일이 아니었다. 왜냐하면 당시 고려의 고위 관리들은 서로 돌아가면서 집으로 초대해 성대한 잔치를 벌이는 풍습이 있었기 때문이다.

"허허, 참으로 잘 먹었습니다."

"별말씀을요. 차린 게 변변찮았는데 그렇게 말씀해 주시니 고맙습니다."

---

[1] **최영** : 고려의 명장이며, 충신. 여러 차례 홍건적을 격퇴하였다. 이후에도 흥왕사의 변, 제주 호목의 난을 진압했으며 1376년 왜구가 삼남 지방을 휩쓸자 홍산에서 적을 대파했다. 1388년 명나라의 철령위 설치로 요동정벌을 계획하고 출정했으나 이성계의 위화도 회군으로 좌절되었다.

대접을 받은 뒤에는 답례로 대접하는 게 예의로 통하는지라 모두들 최대한 호화롭고 사치스러운 상을 차리기 일쑤였다. 최영은 이런 사치 풍조를 한심하게 생각하여 잘 어울리지 않았으나, 여러 관리들의 간청에 못 이겨 어쩔 수 없이 연회를 베풀게 되었다.

"최 장군은 어떤 음식을 내올지 몹시 궁금하구먼."

"체면이 있으니 상다리가 휘어질 정도로 차리지 않겠소."

드디어 약속한 날에 관리들은 큰 기대를 하고 최영의 집으로 갔다. 그런데 한낮이 지나도록 음식이며 술상이 나오지 않았다. 뿐만 아니라 집주인은 손님을 두고도 온종일 집안일만 돌보았다. 별 수 없이 손님들은 바둑을 두거나 한담을 나누며 잔칫상이 나오기를 기다려야 했다. 손님 처지에 독촉할 수는 없었던 까닭이다.

그러다 해가 저물기 시작하자 비로소 집주인 입에서 상을 내오라는 말이 떨어졌다. 그때부터 하인들이 바쁘게 움직였다. 하지만 벼를 찧어 밥 짓고 채소를 뜯어다 나물 무치는 것이 전부였다. 당연히 얼마 후 나온 상차림은 조촐하기 그지없었다.

'에게, 이게 뭐야?'

모두들 미음속으로 그렇게 생각할 만했다. 그렇지만 마상 순가락을 들어 입에 밥을 넣으니 꿀맛 같았다. 배고픈 참이라 잡곡밥이든 나물이든 무척 맛있게 느꼈던 것이다. 식사를 마친 관리들이 입을 떼어 한결같이 칭찬했다.

"철성 집 밥이 맛이 좋소이다."

"이렇게 맛난 줄 미처 몰랐소이다."

"비결이 뭣이옵니까?"

그러자 최영은 좌중을 둘러보면서 웃으며 말했다.

"이것이 또한 군사를 쓰는 술책이오."

사람 마음을 헤아릴 줄 알면 병사들로 하여금 스스로 따르게 만들 수 있다는 뜻이요, 형식보다 실질이 더 효과적이라는 의미의 말이었다.

그렇다고 최영이 모두 자기처럼 청빈하게 살기를 바란 것은 아니었다. 『태조실록』에 따르면, 최영은 귀한 손님을 맞이하여 상을 차릴 일이 있을 때면 이성계에게 다음과 같이 말했다고 한다.

"나는 면찬(麵饌)을 준비할 것이니 공은 육찬(肉饌)을 준비하시오."

자신은 자기 형편에 맞춰 국수*로 상을 차리겠으니, 이성계 역시 자기 형편에 맞춰 고기로 상을 차려도 괜찮다는 뜻의 말인 것이다.

최영은 누구인가? 그는 **최원직(崔元直, ?~1331)**[2]의 아들로 1316년(충숙왕 3)에 태어났다. 어려서부터 몸집이 크고 기운이 장사였으며, 얼굴에 성성한 수염이 그 위엄을 더했다. 최영은 무관으로 벼슬을 시작한 후 많은 전투에서 큰 공로를 세웠다. 『고려사』에서는 그에 대해 다음과 같이 평하고 있다.

"성질이 강직하고 충실하며 청렴했다. 전선에서 적과 대치하여 태연하였으며 화살이 빗발같이 지나가도 조금도 두려워하는 기색이 없었다. 군대를 지휘함에 있어서는 규율을 엄격히 하여 필승을 기하였으며 병사가 한 걸음만 물러서도 곧 목을 베었다. 그러기에 크고 작은 많은 전투에서 가는 곳마다 공이 있었으며 한 번도 패한 적이 없었다."

최영은 평생 재물에 마음을 두지 않았으며 재상과 장군을 오래 지내면서

---

[2] **최원직** : 고려의 문신. 고려의 명장 최영 장군의 아버지이다. 아들 최영에게 '황금 보기를 돌같이 하라.'는 유언을 남겨, 최영 장군이 청렴결백한 생활에 많은 영향을 주었다.

도 뇌물과 청탁을 받지 않았다.

공민왕 12년(1363) 때의 일이다. **김용**(金鏞, ?~1363)[3]의 반란을 진압한 후 어느 날 한 사람이 김용이 갖고 있던 희귀한 보물 하나를 도당(都堂: 오늘날의 국무회의장)에 가져왔다.

"묘아안정주(猫兒眼精珠)라는 귀중한 구슬입니다."

"정수가 담긴 고양이눈이라……."

"과연 묘한 눈빛이 담긴 구슬이구려."

"천하의 보물임에 틀림없구면."

중신은 돌려 가면서 구슬을 만져보고 감탄했고 어떤 이는 은근히 욕심을 내기도 했다. 그러나 최영 혼자만 그 구슬을 거들떠보지도 않았다. 이에 어떤 사람이 한번 보라고 권유하자 최영은 이렇게 말했다.

"김용의 정신을 망쳐 놓은 것이 이 물건인데, 제군들은 왜 그런 것을 만져보고 야단들이오!"

최영의 정신이 어떠한지 잘 일러 주는 일화다. 그는 국왕이 공을 세운 신하에게 주는 토지도 여러 차례 사양했다. 그가 얼마나 청렴했는지는 1380년(우왕 6) 왕이 최영의 공적을 높이 평가하며 내린 교서에 잘 나타나 있다.

"지금 장수들 중에서 전투를 많이 하고 공이 큰 이는 오직 경(卿) 한 사람뿐이다. 더욱이 충성을 다하고 의를 떨쳐 임금을 높이고 백성을

---

[3] **김용** : 고려의 신하. 자신의 권세를 위해 온갖 패륜을 저질렀다. 정세운, 안우 등이 홍건적의 난 때 공을 세우자, 이를 시기하여, 계략을 세웠다. 이때 정세운, 이방실 김득배, 안우 등의 많은 장수가 죽었다. 나중에 공민왕을 시해하려는 음모가 발각되어 사지가 찢기는 극형을 받고 처형되었다.

보호하니 재상 가운데 참 재상이로다. 전(田), 민(民)으로 상을 내리는 것이 통례이나 경의 청백함은 천성에서 나온 것인지라 반드시 사양하여 받지 아니할 것이므로 다만 철권(鐵券)을 주되 옥으로 족자를 만들어 특별한 예를 보인다.

아! 공은 크고 상은 박한 것을 내가 계면쩍게 여긴다. 경이 혹 죄를 지어 그것이 아홉 번에 이르러도 처벌 안 할 것이오, 열 번에 이르러도 안 할 것이며 자손도 또한 그리할 것이라. 후대의 임금과 신하들도 내 뜻을 체득하라.”

최영은 노년에도 수차례 외적 토벌에 나서는 등 나라를 위해 애쓰다가, 예기치 못한 이성계의 혁명에 불운하게 생을 마감했다. 최영은 참형을 당하기 전에 다음과 같은 유언을 남겼다.

“내게 탐욕한 마음이 있었다면 내 무덤 위에 풀이 날 것이고 그렇지 않았다면 풀도 나지 않을 것이다.”

그가 죽은 뒤 과연 그 무덤에는 풀이 전혀 나지 않았다고 한다.

• 잔칫날에 국수를 먹는 이유

우리나라에서는 '잔치 국수'라는 말이 있듯 대개 잔칫날이 되면 손님들에게 국수를 대접하는 풍속이 있다. 결혼하지 않은 총각이나 처녀에게 "언제 국수 먹게 해 줄 거야?"라고 묻는 말은 "언제 결혼할거야?"와 같은 뜻으로 쓰이기도 한다. 그런데 왜 잔칫날 국수를 대접할까?

국수는 중국에서 시작된 음식이다. 한나라 때 밀이 중국에 들어오고, 여기서 얻은 밀가루를 면(麵)이라 하였으며, 면으로 국수를 만들어 먹었다.

우리나라에서는 고려 시대 때부터 일상식(보통 때 먹는 음식) 뿐만 아니라 혼례식 음식과 여름철 더위를 피하는 음식으로 국수를 즐겨 먹었다. 그러나 상류층 사람들만이 국수를 즐겨 먹었고 가난한 백성들은 그러지 못했다. 밀이 귀했던 때문이다.

귀한 음식이었기에 서민들은 제사, 잔치 등의 특별한 날에나 먹을 수 있었다. 혼인 잔치에 국수를 내는 관습은 바로 고려 시대 서민들의 잔치 음식에서 비롯되었다. 최영 장군이 귀빈 접대에 면찬(국수)을 낸 것 역시 청빈한 사람의 나름 최고 상차림 접대였다.

조선 시대 요리서인 『음식디미방』에 "밀가루에 달걀을 섞어 반죽하여 칼국수로 하여 꿩고기 삶은 즙에 말아서 쓴다."라는 기록이 있는 것으로 미루어, 조선 시대에는 국수가 대중적 음식으로 자리 잡았음을 알 수 있다.

한편 구한말 음식점에서는 둥근 철사에 여러 갈래의 긴 종이를 늘어뜨려 국수를 팔고 있음을 나타내었다.

두문불출의
어원과 두문동 72현

"이제는 때가 되었다!"

1392년 7월, 그동안 허수아비 왕을 내세워 고려를 다스리던 **이성계**(李成桂, 1316~1388)[1]는 자신이 직접 왕이 되고자 결단을 내렸다.

"고려의 기운이 다하였기에 새로운 나라를 선포하노라!"

이미 권력을 장악한 상태에서의 사실상 무혈 쿠데타였고 누구도 말릴 수 없었다. 사태가 이리 되자 그동안 참고 지켜보던 고려 신하들 중 많은 이들이 고려 멸망을 깊이 한탄했다.

"더 이상 관직에 있을 이유가 없구먼."

"왕궁을 바라보는 것도 죄스럽소이다."

"**만수산**(萬壽山)[*]에서 세상을 등지고 살아야겠소."

---

[1] **이성계** : 조선의 제1대 왕(재위 1392~1398). 고려의 무신이었는데, 요동정벌을 위해 북진하다가 위화도에서 회군하여 우왕을 폐하였다. 막강한 권력으로 전제개혁을 단행하였고 신진세력의 경제적 토대를 구축하여 조선(朝鮮)을 세우고 도읍을 한양(漢陽)으로 옮겨 초기 국가의 기틀을 다졌다.

"……그럽시다."

이리하여 고려 관리 70여 명이 개성 근처의 만수산을 향해 출발했는데, 개성 북쪽 고갯마루에서 누군가가 말했다.

"이 관복은 이젠 쓸모가 없네."

"그렇지……."

누가 먼저랄 것도 없이 관리들은 조의(朝衣)와 조관(朝冠)을 벗어 나뭇가지에 걸어 놓았다. 그러고는 유유히 만수산 서쪽 골짜기 안쪽으로 들어갔다. 후에 세상 사람들은 그 고개를 '부조현(不朝峴)'이라 불렀으니 고려 충신들이 새 왕조에 머리 숙이지 않았음을 상징한 지명이었다.

이들은 허름한 집에서 고사리를 캐어 먹으면서 고려에 대한 충절을 지켰다. 그러자 태조 이성계는 위기감을 느꼈다. 유능한 관리들이 새 왕조에 충성을 거부한다는 것은 은연중 백성에게 불복종을 암시하는 것과 같기 때문이었다. 이성계는 사람을 보내 높은 벼슬을 제안하며 이들을 회유하거나 협박했다.

"우리 새로운 역사를 같이 써 봅시다!"

"일 없소이다! 선비 된 도리로서 어찌 불사이군(不事二君)을 거스를 수 있단 말이오."

"계속 이러면 좋지 않은 일이 생길 수도 있습니다."

"마음대로 하시오. 아무리 그래도 두 임금을 섬길 수는 없으니."

충성 거부를 보고받은 이성계는 설득할 수 없다고 판단하자 잔인한 결단을 내렸다. 이성계는 부하에게 그들이 사는 곳을 포위한 다음 불을 지르라고 명령했다. 열기가 뜨거워 견디기 힘들면 알아서 그곳을 뛰쳐나오리라 판단한 것이지만 결과는 전혀 달랐다. 그들은 엄청난 화재에도 불구하고 나오지 않은 채 기꺼이 불에 타 죽었던 것이다.

"고려 충신 72명을 불 질러 몰살했대."

"새 왕조가 참으로 잔인하구먼."

"아까운 인물들이 희생되었어."

백성들은 고려 충신들의 눈물 어린 충절을 안타깝게 여기며 그들을 추모했다. 이때 죽은 충신은 맹호성, 신규, 조의생, 임선미, 이경, 고천상, 서중보 등 72명이었으며, 세간에서는 이들을 '두문동 72현(杜門洞七十二賢)'이라 불렀다.

다만 한 사람 황희(黃喜)는 그 전에 이성계의 강력한 요청과 백성을 구제해야 한다는 동료들 천거에 마음을 바꿔 두문동에서 나갔기에 목숨을 건졌다.

일설에는 두문동에서 살아남은 72인 중 몇몇이 만수산을 빠져나와 강원도 정선 산골로 숨어들었다고도 한다. 정선의 '두문동'은 그 흔적을 일러주는 지명이라 하며, 그 충신들이 불렀던 회한의 노래가 '정선아리랑'이라고 한다.

한편 '두문동'은 본래부터 있었던 게 아니라 고려 충신 72인의 희생이 있은 뒤에 생긴 지명이다. 그렇다면 '두문동'의 유래는 무엇일까?

그 어원은 중국 사마천이 기원전 1세기에 쓴 『사기』에 있다. 『사기』「상군열전(商君列傳)」에 보면 '공자건두문불출이팔년의(公子虔杜門不出已八年矣: 공자건이 문 닫고 밖으로 나오지 않기를 벌써 8년)'란 문장이 있다. 태자가 법을 위반했을 때 태부인 공자건이 죄를 뒤집어쓰고 코를 베는 형벌을 당한 데에 심한 부끄러움을 느끼고 일체 집 밖으로 나가지 않았다는 내용이다. 여기서의

‘杜(닫아걸 두)’, ‘門(출입문 문)’은 ‘문을 닫아걸다’라는 뜻으로 그 후 여러 문헌에 ‘두문(杜門)’ 혹은 ‘두문불출(杜門不出)’이란 말이 쓰이게 되었다.

고려 중엽에 활동한 문인 이규보의 시에서도 ‘두문’이라는 단어를 확인할 수 있다.

두문불출, 찾아오는 손님 없으니(杜門無客到)
스님과 나 기약해서 차를 끓이네(煮茗與僧期).

요컨대 고려 충신과 관련된 ‘두문동’은 살던 지역 이름이 아니라 그들의 굳건한 의지를 나타내고자 후대에 지은 지명인 것이다. 그런데 세월이 흐르면서 ‘두문동 72현’의 이야기가 강조된 나머지 지명이 원래 있었던 것처럼 잘못 알려지게 되었다.

어쨌거나 오늘날 ‘두문불출’이란 말은 좁게는 ‘꼼짝하지 않고 (집에만) 들어앉아 있음’, 넓게는 ‘조용히 은거하면서 관직 또는 사회의 일을 하지 않음’이란 뜻으로 통하고 있다.

• 고려 충신이 만수산으로 들어간 까닭

개성 북쪽에 위치한 산으로, 송악산 서쪽 자락에 있으며, 박연폭포가 명물이다. 광덕산이라고도 한다. 고려 말엽 태조 이성계의 아들 이방원이 정몽주에게 읊은 시조에 '만수산'이 들어 있다.

이런들 어떠하며 저런들 어떠하리
만수산 드렁칡이 얽어진들 어떠하리
우리도 이같이 얽어져 백년까지 누리리라

이 시조에서의 '만수산'은 고려 왕조를 상징한다. 고려 궁궐이 송악산을 배경으로 하여 세워졌고, 만수산 기슭에 여러 고려 왕릉이 모셔졌기 때문이다. 새 왕조에 대한 충성을 거부한 고려 충신들이 만수산 속으로 들어간 이유도 여기에 있다. 그들에게 있어서 만수산은 고려 왕조의 품 안이었던 것이다.

계집종을 감탄시킨 편지와
단심가 그리고 선죽교

"어이구머니!"

고려 말엽 경상북도의 한 고을에 살고 있는 여인이 소중해 보이는 난초 화분을 조심스레 안고 있다가 실수로 떨어뜨리는 순간 깜짝 놀라 잠에서 깨었다. 그로부터 태기가 있었으니 태몽인 셈이었다. 그러하기에 아이를 낳은 뒤에는 꿈 몽(夢) 자와 난초 란(蘭) 자를 붙여서 '몽란'이라고 했다.

몽란이 아홉 살 때의 일이었다. 하루는 어머니인 이씨 부인이 낮에 잠시 잠이 들었는데, 검은 용이 뒤뜰 배나무에 얽혀 있는 꿈을 꾸었다. 그 광경이 특이하여 지세히 보려다가 검은 용이 쳐다보자 깜짝 놀라 잠에서 깨었다.

"참 희한한 꿈이로구나. 그런데 우리 집 뒤뜰에 배나무가 있긴 하지……."

이씨 부인은 꿈이 너무나 생생하고 놀라워서 급히 뒤뜰로 가 보았다. 그랬더니 몽란이 배나무에 올라가서 놀고 있었다. 그 꿈이 하도 신기하여 이때부터 '龍(용 용)' 자를 넣어 이름을 고쳐 '몽룡'이라고도 불렀다.

몽룡은 나이 18세 때인 1355년(공민왕 4) 1월에 부친상을 당했다. 당시 사람들은 특별히 정해진 상제(喪祭)가 없어서 대부분 3개월 복상(服喪)을 했으나, 몽룡은 묘소 옆에 여막을 짓고 거기에 기거하면서 애통한 분위기 속에 날을 보내었다. 조정에서는 그 효행을 칭찬하여 그 마을에 정문(旌門)을 세웠고, 몽룡이 행한 것을 상례의 준칙으로 삼았다. 이후 고려 말엽은 물론 조선 시대에 이르기까지 부모의 친상을 당했을 경우 묘소 앞에 여막 짓고 3년간 시묘(侍墓)하는 일이 관행으로 지켜졌으니, 몽룡이 우리나라 전통 상례의 효시인 셈이다.

몽룡은 상기를 마친 뒤에는 관례(冠禮)를 올리고 이름을 다시 한 번 바꾸어 '몽주(夢周)'라고 했다. 그의 아버지가 세상을 떠나기 전, 주나라 제도를 정비한 주공(周公)을 꿈에서 만났던 데 따른 개명이었다.

대표적 충신으로 손꼽히는 포은(圃隱) 정몽주(鄭夢周, 1337~1392)는 이처럼 특이한 꿈으로 인해 세 차례 다른 이름을 가지게 됐고, 한결같이 이름에 '夢(꿈 몽)' 자를 넣었다.

정몽주는 어려서부터 글을 좋아하였고 시 창작에 남다른 재능을 보여 주었다. 그가 8세 때의 일이다. 친척 집의 계집종이 자기 남편에게 글을 보내고자 하여 대필을 청했다.

"남편을 본 지 여러 날 되어 저를 염려할까 걱정이 됩니다. 마음을 전하고 싶지만 글을 모르오니 대신 몇 자라도 편지를 써 주시면 고맙겠습니다."

정몽주는 잠시 생각하더니 다음과 같이 적어 주었다.

"雲聚散, 月盈虧, 妾心不移(운취산, 월영휴, 첩심불이)"

계집종이 그 말이 무슨 뜻인지 알려 달라고 부탁하자, 정몽주가 쉽게 설명해 주었다.

"구름은 모였다 흩어지고 달은 차고 이지러지나 제 마음은 조금도 변하지 않습니다."

계집종은 그 문장을 마음에 들어 했지만 너무 짧다면서 살짝 아쉬움을 드러냈다. 그러자 편지 봉투를 막 붙였던 정몽주는 봉투를 다시 열더니 다음 글귀를 첨가했다.

"緘了却開添一語, 世間多病是相思(함료각개첨일어, 세간다병시상사)"

계집종이 궁금한 마음에 그 의미를 또 물었다. 정몽주가 역시 친절하게 풀이해 주었다.

"봉한 편지 다시 열어 한마디 더 보태노니 세간에 병이 많으니 이는 바로 상사병입니다."

이 기발한 글귀가 당시 이미 사람들에게 재치 있으면서도 사랑이 느껴지는 명시로 회자되었다고 한다.

정몽주는 1360년(공민왕 9) 24세 때 문과에 장원 급제하여 벼슬에 나왔다. 이후 여러 관직을 거쳐 최고 직책인 문하시중에까지 이르렀고, 정치, 경제, 외교, 문화 다방면에서 크게 공헌했다. 특히 유학을 보급하고, 유교 제도를 정착시킨 업적이 매우 컸다. 그는 성리학에 뛰어나 이색(李穡)으로부터 동방이학지조(東方理學之祖: 우리나라 성리학의 시조)라는 극찬을 받았다.

정몽주는 외교 정책과 군사 정책에도 관여해 기울어지는 국운을 바로잡고자 노력했으나 이성계의 신흥 세력에 그 뜻을 꺾였다. 그는 크게 상심한 나머지 낙담한 얼굴로 지내는 날이 많았다. 보다 못 해 어느 날 그의 아내가 물었다.

"왜, 요즘은 뒷간에서 시를 짓지 않습니까?"

정몽주는 평소 시상이 떠오르면 아무데서나 시를 썼는데, 특히 볼일 보는 도중에 시상이 자주 떠오르는 까닭에 뒷간에서 붓을 드는 습관이 있었다. 그러던 정몽주가 도통 시를 쓰지 않기에 아내 되는 입장에서 몹시 염려되어 그 이유를 물은 것이다. 정몽주는 슬픈 기색으로 힘없이 대답했다.

"시상이 없어졌소이다."

그런 정몽주에게 먹구름이 서서히 닥쳐왔다.

그 무렵 이성계의 다섯째 아들 **이방원(李芳遠, 1367~1422)**[1]은 정몽주를 포함하여 반대파를 모두 죽이자고 주장했는데 이성계가 정몽주만은 어떻게 해서든 같은 편으로 만들어 보라고 했다. 하여 이방원은 정몽주를 찾아가 '이런들 어떠하리 저런들 어떠하리'로 시작되는 '하여가(何如歌)'를 읊으며 의중을 떠보았다.

　이런들 어떠하며 저런들 어떠하리.
　만수산 드렁칡이 얽어진들 어떠하리.
　우리도 이같이 얽어져 백 년까지 누리리라.

이에 정몽주는 '단심가(丹心歌)'로 거절을 나타내었다.

　이 몸이 죽고 죽어 일백 번 고쳐 죽어

---

[1] **이방원** : 조선의 제3대 왕(재위 1400~1418). 아버지 이성계 밑에서 구세력 제거에 큰 역할을 하였다. 그러나 세자 책봉에 불만을 품고 정도전 등을 살해하는 왕자의 난을 일으켰다. 즉위 후, 의정부(議政府), 삼군도총제부(三軍都摠制府)를 설치하는 등 관제개혁을 통하여 왕권을 강화하였고 최고의 법사(法司)인 의금부(義禁府)도 설치하였다

백골이 진토 되어 넋이라도 있고 없고,

임 향한 일편단심이야 가실 줄이 있으랴.

정몽주의 시조를 들은 이방원은 불쾌한 마음을 억지로 참으며 더 이상의 설득을 포기했다.

'내 아버님을 임금으로 섬기지 않겠다는 의지가 확실하구나.'

이방원과 정몽주는 서로 견제하면서 결정적 기회를 노렸다.

1392년(공양왕 4) 3월에 정몽주에게 정신 차릴 만한 소식이 들려왔다. 이성계가 황해도 해주에서 사냥하다 말에서 떨어져 중태에 빠졌다는 전갈이었

다. 정몽주는 심히 기꺼워하며 드디어 무신 세력을 타도할 기회가 왔다고 생각했다. 정몽주는 치밀한 계획을 세운 다음 이성계가 입경할 때 거사하고자 했다.

하지만 정몽주의 모의는 어찌어찌하여 이방원에게 들켰다. 이방원은 말을 달려 벽란도에서 부친을 맞이하고는 정몽주를 죽여야겠다고 말했다. 이성계는 신망 높은 일국의 중신을 없애는 일에 난색을 나타냈지만, 모진 마음을 먹고 부하들에게 정몽주 살해를 지시했다.

"정몽주가 필히 병문안을 올 테니 그때 치거라!"

변중량(이성계 이복형인 이원계의 사위)은 스승 정몽주에게 그걸 알리면서 문병을 가지 말라고 말렸다.

"그래? 그렇다면 직접 동태를 살펴봐야겠구나."

"스승님, 아니 되옵니다. 그건 스스로 호랑이굴에 들어가는 것이나 다름없습니다."

"염려는 고맙다만 기회는 자주 있는 것이 아니니 내가 나서야겠다."

정몽주는 행여 계획이 틀어질까 염려한 나머지 대담하게도 이성계의 집을 방문했다. 이때 그의 제자 권우(權遇)와 수행녹사(隨行錄事)가 동반하여 길을 나서려 했다.

"너희들은 따라오지 마라. 나 혼자 조용히 다녀오마."

정몽주는 무슨 예감이 들었는지 둘의 동행을 말렸다. 몇 차례 자청과 제지의 말을 주고받은 뒤, 권우는 할 수 없이 떨어지고 수행녹사만 차마 떠나지 못하여 같이 길을 나섰다. 얼마 후 정몽주는 이성계의 집으로 들어섰고, 그 시각 이방원은 휘하 부하들을 시켜 길에서 습격하라고 명령했다.

그날 밤 정몽주의 말이 선죽교에 들어서자마자 이방원이 보낸 조영규 등 서너 명이 철퇴를 들고 달려들었다. 정몽주는 말에서 떨어져 죽고 그의 붉은 피가 돌다리 밑으로 흘러내리더니 그곳에서 파란 대나무가 솟아났다.

백성들은 정몽주의 죽음을 매우 애석해했고 대나무가 솟아난 그 돌다리를 '선죽교(善竹橋)'라고 불렀다. 선죽교에는 지금도 붉은 핏자국이 남아있다고 한다.

한편 포은 정몽주는 목은(牧隱) **이색(李穡, 1328~1396)**[2], 야은(冶隱) **길재(吉再, 1353~1419)**[3]와 더불어 **삼은(三隱)***으로 꼽히고 있다.

---

[2] **이색** : 고려의 문신, 학자. 정방 폐지, 삼년상을 제도화하고, 김구용·정몽주 등과 강론, 성리학 발전에 공헌하였다. 위화도 회군 후 창(昌)을 즉위시켜 이성계를 억제하려 했으나 실패하였다. 조선 태조가 여러 차례 불렀으나, 지조를 지켜 벼슬길에 나가지 않았다. 정몽주, 길재와 더불어 삼은의 한 사람이다.

[3] **길재** : 고려 말, 조선 초의 성리학자. 이색·정몽주 등의 문하에서 학문을 익히고 성균관 박사가 되어 유생들을 가르쳤다. 1400년(정종 2)에 이방원이 태상박사(太常博士)에 임명하였으나 두 임금을 섬기지 않겠다는 뜻을 말하며 거절하였다. 『야은집』 등의 작품집이 전해진다. 정몽주, 이색과 더불어 삼은의 한 사람이다.

• 절개를 지킨 삼은

'삼은'은 고려 말엽 인격과 학식을 갖춘 성리학자 포은 정몽주, 목은 이색, 야은 길재 셋을 일컫는 말이다. 이들의 호에 '은(隱)' 자가 공통으로 들어 있는데, 세 사람 모두 고려에 대한 절개를 굳게 지킨 데서 비롯된 명예로운 별칭이다.

포은은 주자가례(朱子家禮)에 따라 관혼상제를 행하게 하고 사회 윤리를 합리화하는 등 유학을 몸소 실천하는 데 애썼고, 죽음을 각오하면서까지 고려에 대한 절개를 지켰다.

목은은 이성계가 거듭 출사를 종용했으나 '망국의 사대부는 오로지 해골을 고산(故山)에 파묻을 뿐'이라는 말로 사양하면서 성리학 후진을 양성하는 데 힘을 기울였다. 목은의 문하들은 후에 조선 성리학의 주류를 이루었다.

야은 역시 벼슬을 버리고 금오산으로 들어가 숨어 살면서 학문 연구와 제자 양성으로 세월을 보냈다. 야은이 뒷날 고려 옛 도읍지 송경(松京)을 찾았을 때 읊은 '고려유신회고가(高麗遺臣懷古歌)'는 고려에 대한 회한을 담은 시로 유명하다.

오백 년 도읍지를 필마(匹馬)로 돌아드니,
산천은 의구(依舊)하되 인걸은 간데없네.
어즈버 태평연월이 꿈이런가 하노라.

청소년을 위한 고려유사

| 펴낸날 | 초판 1쇄 2009년 10월 15일 |
| | 초판 6쇄 2020년 12월 15일 |

지은이	박영수
펴낸이	심만수
펴낸곳	(주)살림출판사
출판등록	1989년 11월 1일 제9-210호

주소	경기도 파주시 광인사길 30
전화	031-946-1350　　팩스 031-624-1356
홈페이지	http://www.sallimbooks.com
이메일	book@sallimbooks.com

ISBN　978-89-522-1243-6　　03900

※ 값은 뒤표지에 있습니다.
※ 잘못 만들어진 책은 구입하신 서점에서 바꾸어 드립니다.